Elke Mauritius

Vom Satz zum Aufsatz

Band 2

– ab Klasse 2 –

Hinweise zum Buch

1. Im Fach Deutsch gehört zum Kompetenzbereich „Schreiben", dass die Kinder Texte verfassen können, d.h. dass sie Texte planen, schreiben und überarbeiten. Die Aufgaben für Textproduktionen zielen auf Texte unterschiedlicher Art: **Erzählendes, sachbezogenes und appellierendes Schreiben** werden angeregt.

2. Die Inhalte beziehen sich auf den Erfahrungsbereich der Kinder und auf **Schreibsituationen** aus ihrem **Alltag**. Das heißt, dass die Kinder vor allem angeregt werden, Sachverhalte und Begebenheiten aus den eigenen Lebensbereichen darzulegen. So schreiben sie bei den Geschichten Gedanken und Gefühle für andere nachvollziehbar auf, stellen Sachverhalte in verständlicher Form dar, formulieren Alltägliches adressatengerecht und beachten beim realen und erdachten Erzählen sprachliche Mittel und Erzählzusammenhänge.

3. Die kommunikativen Fähigkeiten der Kinder sind unterschiedlich.
   Deshalb gibt es jedes Arbeitsblatt in **zwei Varianten: A** – für Kinder mit Schwierigkeiten beim Verfassen von Texten / **B** – für fortgeschrittene Kinder.

4. Ausgangspunkt ist eine **Schreibsituation**, die analysiert und beim Schreiben beachtet werden soll. Konkrete Hinweise zum **Textaufbau** und zum **Einsatz sprachlicher Mittel** ergänzen diese.
   Ein wichtiges Arbeitsverfahren ist das Markieren im Text. Die Kinder sollten dazu einen Textmarker nutzen – entsprechend der Leitfigur „Checki".

5. Auf den Seiten **82 bis 85** ist die Vorlage für ein **Korrekturheft** zu finden, das von den Kindern hergestellt werden kann.
   So können sie selbst verfasste Texte nach entsprechenden Schwerpunkten überarbeiten, aber auch fremde Texte bewerten, z. B. in Schreibkonferenzen.

6. Der Sinn des Verfassens von Texten besteht in deren Veröffentlichung. Zunächst können die Kinder in der Gruppe ihre Texte vortragen, sich darüber beraten und sie so in der Wirkung erproben. Dann können unterschiedliche Formen der Veröffentlichung genutzt werden.

Gedruckt auf umweltbewusst gefertigtem, chlorfrei gebleichtem und alterungsbeständigem Papier.

8. Auflage 2021
© 2007 PERSEN Verlag, Hamburg
AAP Lehrerwelt GmbH
Alle Rechte vorbehalten.

Illustration: Friederike Großekettler
Satz: MouseDesign Medien AG, Zeven

ISBN 978-3-8344-**3516**-3

www.persen.de

Inhalt

Textsorten planen

Es gibt unterschiedliche Texte,
z.B. Lexikontexte, Erzählungen, Werbetexte.
Mit jedem Text will der Schreiber etwas anderes
beim Leser erreichen.

A

❶ Welchen Unterschied haben die beiden Textsorten?
Markiere, was beim Leser erreicht werden soll.

Sachtexte beschreiben Fakten und Zusammenhänge oder berichten über reale Vorgänge, Ereignisse oder Personen. Der Schreiber will, dass der Leser danach besser informiert ist.

In **auffordernden Texten** wird der Leser dazu angehalten, etwas zu tun oder zu unterlassen. Diese Texte sind meist kurz und enthalten Aufforderungssätze.

❷ Welche Gemeinsamkeiten und Unterschiede haben diese Texte?
Markiere in verschiedenen Farben.

Eine **fantastische Erzählung** ist eine Geschichte, die so nicht passieren könnte. Es treten Figuren oder Ereignisse auf, die es in der Wirklichkeit nicht gibt. Der Schreiber will den Leser unterhalten.

Eine **realistische Erzählung** ist eine Geschichte, die passiert ist oder passiert sein könnte. Die Figuren sind wirklich und die Handlung kann sich so ereignet haben. Der Schreiber will den Leser unterhalten.

❸ Zu welcher Textsorte gehören die Überschriften? Schreibe auf.

Schützt die Wanderkröten!

Was ich mit meinem Haustier erlebte

_____

_____

Wir arbeiten mit dem Mikroskop

Zauberei auf dem Schulhof

_____

_____

❹ Sammelt gemeinsam Beispiele für die beschriebenen Textsorten.

4

Textsorten planen

Es gibt unterschiedliche Texte,
z.B. Lexikontexte, Erzählungen, Werbetexte.
Mit jedem Text will der Schreiber etwas anderes
beim Leser erreichen.

❶ Welchen Unterschied haben die beiden Textsorten?
Markiere, was beim Leser erreicht werden soll.

Sachtexte beschreiben Fakten und Zusammenhänge oder berichten über reale Vorgänge, Ereignisse oder Personen. Der Schreiber will, dass der Leser danach besser informiert ist.

In **auffordernden Texten** wird der Leser dazu angehalten, etwas zu tun oder zu unterlassen. Diese Texte sind meist kurz und enthalten Aufforderungssätze.

❷ Welche Gemeinsamkeiten und Unterschiede haben diese Texte?
Markiere in verschiedenen Farben.

Eine **fantastische Erzählung** ist eine Geschichte, die so nicht passieren könnte. Es treten Figuren oder Ereignisse auf, die es in der Wirklichkeit nicht gibt. Der Schreiber will den Leser unterhalten.

Eine **realistische Erzählung** ist eine Geschichte, die passiert ist oder passiert sein könnte. Die Figuren sind wirklich und die Handlung kann sich so ereignet haben. Der Schreiber will den Leser unterhalten.

❸ Hier findest du Überschriften von Texten. Zu welcher Sorte gehören sie?

Die Geschichte der Kartoffel

Der verwunschene Frosch in der Schule

_____

_____

Die Gefahren des Wassers

Wir arbeiten mit dem Mikroskop

_____

_____

❹ Entscheide dich für eine Textart. Schreibe einen Text zum Thema **Schule** ins Heft.

Texte planen mit einem Cluster

Wenn wir einen Text planen wollen, können wir das mithilfe eines **Clusters**. Cluster bedeutet so viel wie Haufen. Eure Ideen bringt ihr damit in ein Schema. Dabei bekommt ihr neue Anregungen.
Am Ende kann ein Text entstehen.

A

❶ Hier findest du Wörter zum Thema **Freizeit**.
Trage sie in das Cluster ein.

Training · Karate · Pferde · Tanzen · Schwimmen ·
Fußball · Sport · Werder Bremen

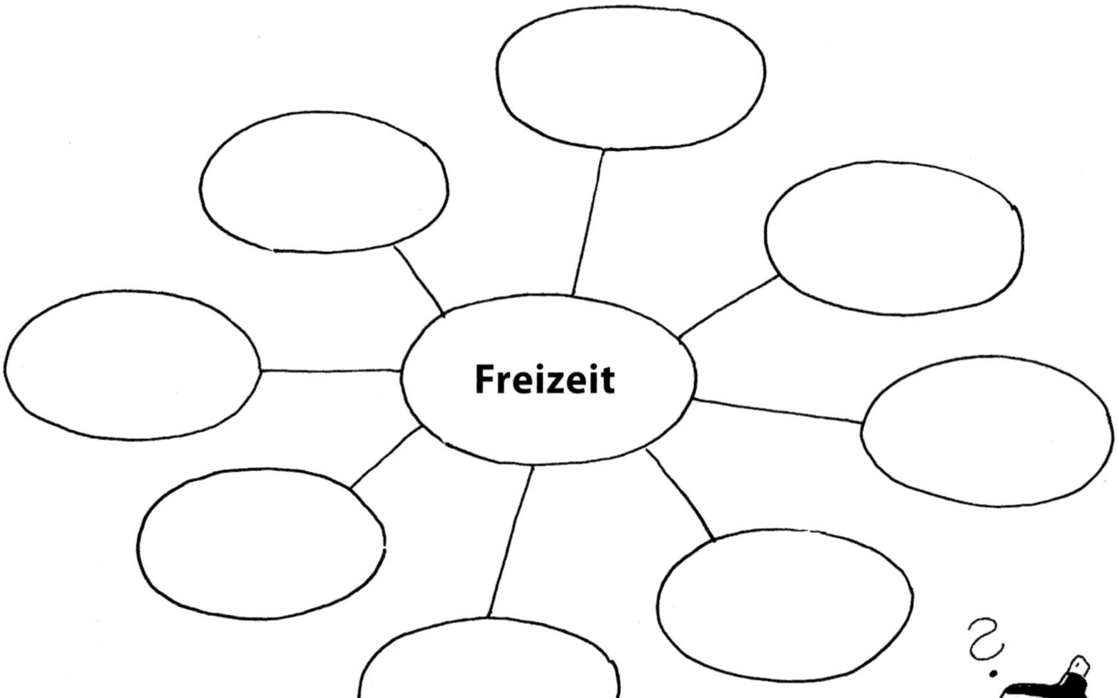

Freizeit

❷ Ergänze weitere Wörter.
Suche dir ein Stichwort aus und schreibe dazu einen kurzen Text.

Elke Mauritius: Vom Satz zum Aufsatz
© Persen Verlag

Texte planen mit einem Cluster

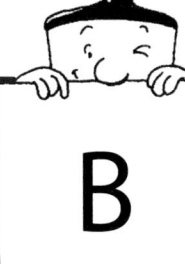

Wenn wir einen Text planen wollen, können wir das mithilfe eines Clusters. **Cluster** bedeutet so viel wie Haufen. Eure Ideen bringt ihr damit in ein Schema. Dabei bekommt ihr neue Anregungen. Am Ende kann ein Text entstehen.

❶ Jede Gruppe legt einen großen Bogen Papier auf den Tisch.

❷ Schreibt in die Mitte das Thema **Freizeit**.

❸ Das erste Kind nimmt einen Stift und schreibt seinen Gedanken dazu auf. Dann kreist es das Wort ein und zieht eine Linie zum Thema.

❹ Jetzt schreibt das nächste Kind seine Idee auf. Und so geht es weiter, bis euer Blatt voll ist.

So kannst du mit einem Cluster arbeiten!

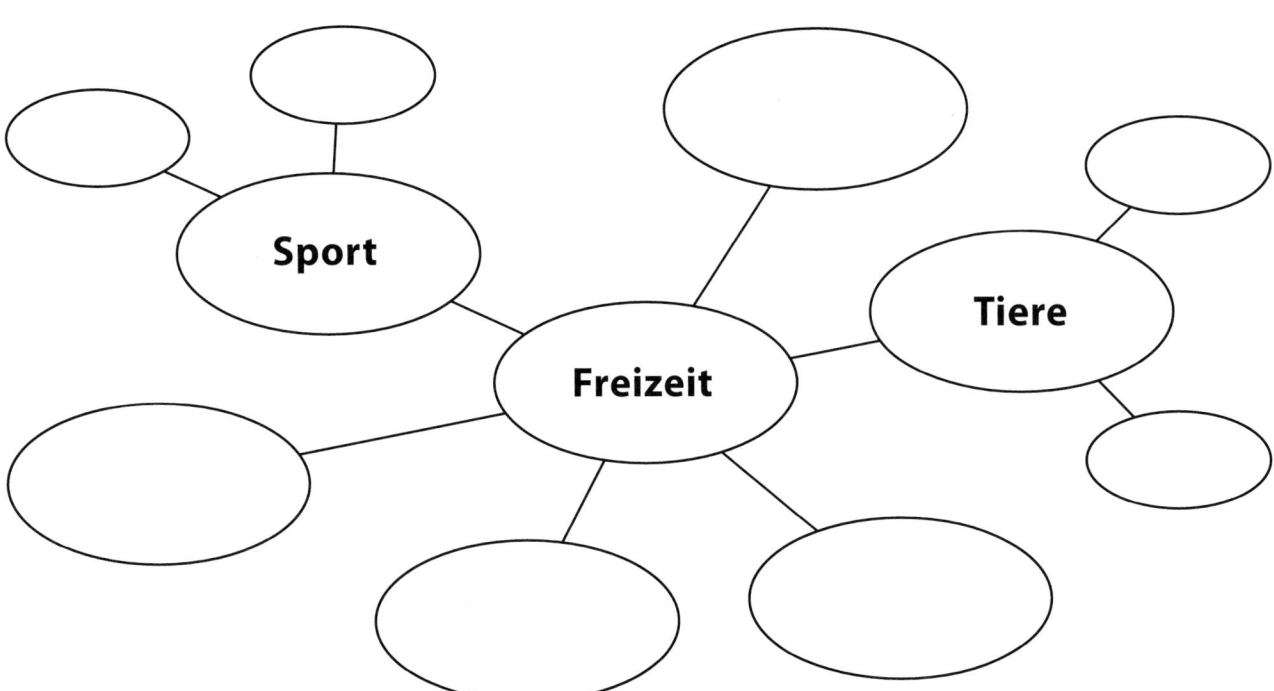

❺ Schaut euch das Cluster an. Jeder sucht sich ein Stichwort aus und schreibt einen Text dazu.

Schreibplan

Bevor wir mit dem Schreiben der Geschichte beginnen, können wir einen **Schreibplan** erstellen. Wenn wir die Geschichte genauer planen, müssen wir sie später weniger überarbeiten. Den Plan kann man sich wie eine Straßenkarte vorstellen, man geht vom Ausgangspunkt zum Ziel.

❶ Hier findest du einen Schreibplan.
Markiere die Schritte, die du für jede Geschichte nutzen kannst.

Idee: Eine Märchenfigur – Rotkäppchen – kommt in den Unterricht.

Warum? ➜ Sie ist auf der Flucht vor dem Wolf.

Was passiert nun? ➜ Sie nimmt am Unterricht teil.

Was geschieht dabei (Komisches, Trauriges, Ungewöhnliches)? ➜ Sie kann nicht einmal eine einfache Aufgabe rechnen.

Wie endet die Geschichte? ➜ Der Hausmeister hat den Wolf gefangen.

❷ Überprüfe die Geschichte. Wurde der Schreibplan eingehalten? Unterstreiche jeden Schritt mit einer anderen Farbe.

Es war ein Tag wie jeder andere. Wir hatten gerade Mathe. Plötzlich klopfte es. Auf einmal stand Rotkäppchen in der Tür. Alle staunten. Sie rief: „Helft mir bitte, ihr müsst mich verstecken." Wir fragten verwundert: „Warum musst du dich verstecken?" Rotkäppchen antwortete: „Der böse Wolf ist hinter mir her." Auf einmal wurde es still in der Klasse. Wir überlegten, was wir tun könnten. Mir kam die Idee, Rotkäppchen als Schülerin zu verkleiden. Dann setzte sie sich auf einen freien Platz und nahm am Unterricht teil. Frau Ewert fragte sie, ob sie 1 + 1 rechnen kann. Sie antwortete: „3." Alle prusteten los. Auf einmal ging die Tür auf. Wir dachten, das ist der böse Wolf. Aber es war der Hausmeister. Er sagte: „Ich habe einen Wolf gefangen. Die Mitarbeiter des Zoos für Märchentiere haben ihn abgeholt." Rotkäppchen war erleichtert und machte sich eilig auf den Weg zur Großmutter.

❸ Der Geschichte fehlt eine Überschrift. Schreibe sie auf.

Elke Mauritius: Vom Satz zum Aufsatz
© Persen Verlag

Schreibplan

Bevor wir mit dem Schreiben der Geschichte beginnen, können wir einen **Schreibplan** erstellen. Wenn wir die Geschichte genauer planen, müssen wir sie später weniger überarbeiten. Den Plan kann man sich wie eine Straßenkarte vorstellen, man geht vom Ausgangspunkt zum Ziel.

B1

❶ Lies die Geschichte durch.

> Es war ein Tag wie jeder andere. Wir hatten gerade Mathe. Plötzlich klopfte es. Auf einmal stand Rotkäppchen in der Tür. Alle staunten. Sie rief: „Helft mir bitte, ihr müsst mich verstecken." Wir fragten verwundert: „Warum musst du dich verstecken?" Rotkäppchen antwortete: „Der böse Wolf ist hinter mir her." Auf einmal wurde es still in der Klasse. Wir überlegten, was wir tun könnten. Mir kam die Idee, Rotkäppchen als Schülerin zu verkleiden. Dann setzte sie sich auf einen freien Platz und nahm am Unterricht teil. Frau Ewert fragte sie, ob sie 1 + 1 rechnen kann. Sie antwortete: „3." Alle prusteten los. Auf einmal ging die Tür auf. Wir dachten, das ist der böse Wolf. Aber es war der Hausmeister. Er sagte: „Ich habe einen Wolf gefangen. Die Mitarbeiter des Zoos für Märchentiere haben ihn abgeholt." Rotkäppchen war erleichtert und machte sich eilig auf den Weg zur Großmutter.

❷ Diese Geschichte ist nach einem Plan entstanden. Ergänze den Plan in Stichpunkten.

> **Idee:** Eine Märchenfigur – Rotkäppchen – kommt in den Unterricht.
>
> **Warum?** _____
>
> **Was passiert nun?** _____
>
> _____
>
> **Was geschieht dabei (Komisches, Trauriges, Ungewöhnliches)?**
>
> _____
>
> _____
>
> **Wie endet die Geschichte?** _____
>
> _____

Vergiss die Überschrift nicht.

❸ Erstelle einen Schreibplan für eine eigene Geschichte. Schreibe ins Heft.

Schreibplan

Situation: Du wachst nachts auf. Dich hat eine schöne Melodie geweckt.
Dann erlebst du etwas Seltsames.

Bevor du diese Geschichte aufschreibst, mach dir Gedanken
über einen Schreibplan.

A2

❶ Ergänze den Plan mit kurzen Sätzen.

Idee: Du wachst eines Nachts auf.

Warum? Die Melodie einer Flöte hat dich geweckt.

Was passiert nun? _____

_____

Was geschieht dabei (Komisches, Trauriges, Ungewöhnliches)?

_____

_____

Wie endet die Geschichte?
Deine Mutter weckt dich und hat die Flöte in der Hand.

❷ Schreibe deine Geschichte nach diesem Plan.

_____

_____

_____

_____

_____

_____

❸ Finde eine Überschrift.

_____

❹ Überprüfe deine Geschichte. Ist sie verständlich? Ist sie auch spannend?

Elke Mauritius: Vom Satz zum Aufsatz
© Persen Verlag

Schreibplan

Situation: Du wachst nachts auf. Dich hat eine schöne Melodie geweckt.
Dann erlebst du etwas Seltsames.

Bevor du diese Geschichte aufschreibst, mach dir Gedanken
über einen Schreibplan.

❶ Ergänze den Plan mit kurzen Sätzen.

Idee: _____

Warum? _____

_____

Was passiert nun? _____

_____

Was geschieht dabei (Komisches, Trauriges, Ungewöhnliches)?

_____

Wie endet die Geschichte?

_____

❷ Schreibe deine Geschichte nach diesem Plan.

_____
_____
_____
_____
_____
_____

❸ Finde eine Überschrift.

_____

❹ Überprüfe deine Geschichte. Ist sie verständlich? Ist sie auch spannend?

Eine Bildbeschreibung planen

Wenn wir unsere Gedanken zu einem Bild aufschreiben wollen, müssen wir es zuerst genau betrachten. Dabei suchen wir Stichwörter. Sie helfen uns, einen Text zu schreiben.

❶ Welche Stichwörter passen nicht zum Bild? Streiche durch.

M. C. Escher's „Cycle" © 2006 The M. C. Escher Company – Holland.
All rights reserved. www.mcescher.com

geometrischer Körper

Bewegungskreislauf

viele Männchen laufen

Zirkustiere und Luftballons

verschwinden und auflösen

Meerschweinchen

❷ Ergänze eigene Stichwörter.

❸ Schreibe zu den passenden Stichwörtern Sätze ins Heft.

❹ Welche Meinung hast du zu dem Bild? Schreibe auf.

Elke Mauritius: Vom Satz zum Aufsatz
© Persen Verlag

Eine Bildbeschreibung planen

Wenn wir unsere Gedanken zu einem Bild aufschreiben wollen, müssen wir es zuerst genau betrachten. Dabei suchen wir Stichwörter. Sie helfen uns, einen Text zu schreiben.

B

❶ Ergänze die Gedanken zum Bild.

> geometrischer Körper

> Bewegungskreislauf

> viele Männchen laufen

> verschwinden und auflösen

❷ Schreibe zum Bild einen Text ins Heft.

❸ Welche Meinung hast du zu dem Bild? Schreibe auf.

Wortmaterial sammeln (Redensarten)

Redensarten sind bei uns weit verbreitet.
Es sind feststehende Wendungen,
die nicht wörtlich zu verstehen sind.
Meist sind sie bildhaft und können
deshalb einen Text sprachlich bereichern.

❶ Unterstreiche die Redensarten.

Jens und Jakob streiten sich. Jens prahlt: „Ich gehe zum Karate-Training,
habe viel Kraft, aber du hast doch nur Pudding in den Armen." Jakob erwidert:
„Du und Karate! Da haust du wohl ganz schön auf den Pudding!"

❷ Was ist hier gemeint? Kreuze an. Schreibe die passende Antwort ab.

Pudding in den Armen haben: ☐ So viel Pudding essen, dass die Arme dick werden.

☐ Keine Kraft in den Armen haben.

Pudding in den Armen bedeutet: _____

_____

Auf den Pudding hauen: ☐ Laut schimpfen und protestieren.

☐ Mit der Faust auf einen großen Pudding schlagen.

_____

_____

_____

_____

_____

Elke Mauritius: Vom Satz zum Aufsatz
© Persen Verlag

Wortmaterial sammeln (Redensarten)

❸ Welche Erklärung passt zu welcher Redensart?
Verbinde:

Bei unserem Einsatz auf dem Spielplatz haben wir **alle tüchtig die Ärmel hochgekrempelt.**

der Kontakt ist abgebrochen

Unser Meerschweinchen kann sich jetzt **die Radieschen von unten angucken.**

vor Freude außer sich geraten

Mein Freund ist weggezogen. Leider gilt für uns: **Aus den Augen, aus dem Sinn.**

bei einer Arbeit tüchtig zupacken

Die ganze Familie **war aus dem Häuschen,** nachdem sie die Nachricht vom Lottogewinn erreicht hatte.

so wütend werden, dass man die Beherrschung verliert

Er log so lange weiter, bis seinem Vater **der Kragen platzte.**

tot und begraben sein

❹ Welche Redensart kennst du? Schreibe sie auf und erkläre sie.

_____

_____

_____

_____

_____

_____

Wortmaterial sammeln (Redensarten)

Redensarten sind bei uns weit verbreitet.
Es sind feststehende Wendungen,
die nicht wörtlich zu verstehen sind.
Meist sind sie bildhaft und können
deshalb einen Text sprachlich bereichern.

❶ Unterstreiche die Redensarten.

Jens und Jakob streiten sich. Jens prahlt: „Ich gehe zum Karate-Training,
habe viel Kraft, aber du hast doch nur Pudding in den Armen." Jakob erwidert:
„Du und Karate! Da haust du wohl ganz schön auf den Pudding!"

❷ Was ist hier gemeint? Kreuze an. Schreibe die passende Antwort ab.

Pudding in den Armen haben: ☐ So viel Pudding essen, dass die Arme dick werden.

☐ Keine Kraft in den Armen haben.

Pudding in den Armen bedeutet: _____

_____

Auf den Pudding hauen: ☐ Laut schimpfen und protestieren.

☐ Mit der Faust auf einen großen Pudding schlagen.

_____

_____

_____

_____

_____

Elke Mauritius: Vom Satz zum Aufsatz
© Persen Verlag

Wortmaterial sammeln (Redensarten)

❸ Welche Erklärung passt zu welcher Redensart?
Verbinde:

Bei unserem Einsatz auf dem Spielplatz haben wir **alle tüchtig die Ärmel hochgekrempelt.**

der Kontakt ist abgebrochen

Unser Meerschweinchen kann sich jetzt **die Radieschen von unten angucken.**

vor Freude außer sich geraten

Mein Freund ist weggezogen. Leider gilt für uns: **Aus den Augen, aus dem Sinn.**

bei einer Arbeit tüchtig zupacken

Die ganze Familie **war aus dem Häuschen,** nachdem sie die Nachricht vom Lottogewinn erreicht hatte.

so wütend werden, dass man die Beherrschung verliert

Er log so lange weiter, bis seinem Vater **der Kragen platzte.**

tot und begraben sein

❹ Mit dem Wort **Auge** gibt es viele Redensarten. Erkläre sie.

das Auge des Gesetzes · jemandem gehen die Augen auf · jemandem gehen die Augen über · ganz Auge und Ohr sein · da bleibt kein Auge trocken · so weit das Auge reicht · die Augen sind größer als der Magen · vier Augen sehen mehr als zwei · jemandem die Augen öffnen · ein Auge zudrücken · ein Auge werfen · Augen haben wie ein Luchs · die Augen vor etwas verschließen

❺ Findest du weitere Redensarten mit dem Wort **Auge**? Schreibe sie in dein Heft.

Redensarten

Redensarten sind bei uns weit verbreitet.
Es sind feststehende Wendungen,
die nicht wörtlich zu verstehen sind.
Meist sind sie bildhaft und können
deshalb einen Text sprachlich bereichern.

A2

Redensarten:

mit einem blauen Auge davonkommen · eine Krähe hackt der anderen kein Auge aus ·

etwas auf der linken Backe absitzen · dicke Backen machen ·

nahe am Wasser gebaut haben · ins kalte Wasser springen ·

man soll den Tag nicht vor dem Abend loben · jemandem den Tag stehlen

---

❶ Schreibe zu der Erklärung die passende Redensart.

… sehr leicht in Tränen ausbrechen

a) Redensart: _____

_____

sich wichtig tun, sich aufblasen

b) Redensart: _____

_____

… jemanden von der Arbeit abhalten

c) Redensart: _____

_____

… glimpflich, ohne größeren Schaden davonkommen

d) Redensart: _____

_____

Elke Mauritius: Vom Satz zum Aufsatz
© Persen Verlag

Redensarten

Redensarten sind bei uns weit verbreitet.
Es sind feststehende Wendungen,
die nicht wörtlich zu verstehen sind.
Meist sind sie bildhaft und können
deshalb einen Text sprachlich bereichern.

Redensarten:

mit einem blauen Auge davonkommen · eine Krähe hackt der anderen kein Auge aus ·

etwas auf der linken Backe absitzen · dicke Backen machen ·

nahe am Wasser gebaut haben · ins kalte Wasser springen ·

man soll den Tag nicht vor dem Abend loben · jemandem den Tag stehlen

❶ Schreibe zu der Erklärung die passende Redensart.

> … sehr leicht in Tränen ausbrechen

a) Redensart: _____

_____

> sich wichtig tun, sich aufblasen

b) Redensart: _____

_____

> … jemanden von der Arbeit abhalten

c) Redensart: _____

_____

> … glimpflich, ohne größeren Schaden davonkommen

d) Redensart: _____

_____

❷ Erkläre die Bedeutung der Redensarten, die nicht erklärt sind. Schreibe ins Heft.

❸ Suche dir eine Redensart aus und schreibe einen Text dazu.

Redensarten

*Denk daran:
Redensarten sind nicht
wörtlich zu verstehen.*

❶ Was bedeuten die Redensarten? Kreuze an.

a) Mit der Lehrerin gibt es Ärger, **der sich gewaschen hat.**

☐ Die Lehrerin spritzt mit Wasser.

☐ Der Ärger mit der Lehrerin wird besonders unangenehm.

b) In den Ferien fahren sie dahin, **wo sich Fuchs und Hase gute Nacht sagen.**

☐ Sie fahren an einen abgelegenen, einsamen Ort.

☐ Sie fahren in einen Wildpark.

c) Da wird **der Hund in der Pfanne verrückt.**

☐ Der Hund wird gebraten.

☐ Das ist ja nicht zu fassen.

d) Der Angestellte hat **lange Finger gemacht.**

☐ Der Angestellte hat Sportübungen
für seine Finger gemacht.

☐ Der Angestellte hat gestohlen.

e) Das sind doch **faule Fische.**

☐ Das sind dumme Ausreden.

☐ Die Fische haben keine Lust zu schwimmen.

Elke Mauritius: Vom Satz zum Aufsatz
© Persen Verlag

Redensarten

❷ Erkläre die Redensart

a) ... die Flinte ins Korn werfen ...

_____

_____

_____

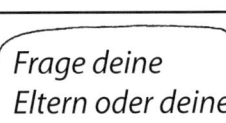

b) ... über seinen eigenen Schatten springen ...

Frage deine Eltern oder deine Großeltern.

_____

_____

_____

❸ Welche Redensarten kennst du noch?
Schreibe auf.

_____

_____

_____

_____

_____

_____

_____

_____

_____

Redensarten

Denk daran:
Redensarten sind nicht
wörtlich zu verstehen.

❶ Was bedeuten die Redensarten? Kreuze an.

a) Mit der Lehrerin gibt es Ärger, **der sich gewaschen hat.**

☐ Die Lehrerin spritzt mit Wasser.

☐ Der Ärger mit der Lehrerin wird besonders unangenehm.

b) In den Ferien fahren sie dahin, **wo sich Fuchs und Hase gute Nacht sagen.**

☐ Sie fahren an einen abgelegenen, einsamen Ort.

☐ Sie fahren in einen Wildpark.

c) Da wird **der Hund in der Pfanne verrückt.**

☐ Der Hund wird gebraten.   ☐ Der Hund wärmt sich die Pfoten.

☐ Das ist ja nicht zu fassen.   ☐ Der Hund versteckt eine Pfanne.

❷ Erkläre diese Redensart.

… er hat lange Finger gemacht …

_____

_____

_____

_____

Elke Mauritius: Vom Satz zum Aufsatz
© Persen Verlag

Redensarten

❸ Was bedeuten diese Redensarten? Erkläre sie mit einem Beispiel.

a)

Redensart:

_____

_____

_____

_____

Beispiel:

_____

_____

_____

_____

_____

b)

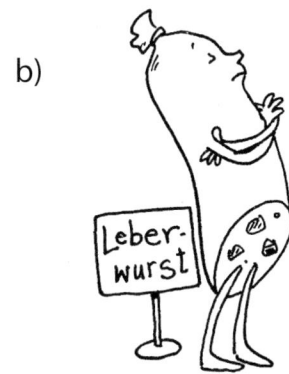

Redensart:

_____

_____

Beispiel:

_____

_____

_____

_____

_____

Elke Mauritius: Vom Satz zum Aufsatz
© Persen Verlag

Lösung:
a) jemandem etwas aufs Auge drücken ... b) beleidigte Leberwurst spielen ...

23

Wünsche aufschreiben

Situation: Es gibt fantastische Wünsche und
Wünsche, die Wirklichkeit werden können.
Kinder schreiben ihre Wünsche an ein Schulgespenst.

A

❶ Unterstreiche, wie Carolin und Josefine ihre Wünsche einleiten.

Liebes Schulgespenst!
Ich heiße Carolin und bin 9 Jahre alt und
gehe in die 3c. Ich weiß, dass es dich
gibt. Heute möchte ich dich um etwas
bitten. Verwandle die Jungs in liebe Mädchen. Den Paul in Paula, den Dany in
Dana, den Daniel in Daniela, den Hannes
in Hanna und so weiter. Damit wir end-
lich eine liebe Klasse sind und Frau
Berger sich freuen kann.
Vielen Dank sagt   Carolin

Liebes Schulgespenst,

sag Frau Merker bitte, dass sie uns
nicht immer so viele Hausaufgaben
geben soll. Wenn du das aber nicht
willst, kannst du auch meine Hausaufgaben machen. Wenn du das
aber auch nicht willst, dann kannst
du auch mein Zimmer aufräumen.
                                    Josefine

❷ Was wünscht sich Carolin? Kann jemand ihren Wunsch erfüllen?

_____

_____

❸ Wie beendet Carolin ihren Wunsch? Wie könnte sie es noch schreiben?

_____

_____

❹ Was fällt dir bei Josefines Wunsch auf?

_____

_____

*Du kannst
diese Ausdrücke
verwenden.*

❺ Schreibe selbst einen Wunsch an das Schulgespenst.

… ich möchte gern · könnte ich doch · ich wünsche mir ·
mein größter Wunsch · ich träume davon · was gäbe ich darum …

Elke Mauritius: Vom Satz zum Aufsatz
© Persen Verlag

Wünsche aufschreiben

Situation: Es gibt fantastische Wünsche und
Wünsche, die Wirklichkeit werden können.
Kinder schreiben ihre Wünsche an ein Schulgespenst.

B

❶ Unterstreiche, wie Carolin und Josefine ihre Wünsche einleiten.

Liebes Schulgespenst!
Ich heiße Carolin und bin 9 Jahre alt und
gehe in die 3c. Ich weiß, dass es dich
gibt. Heute möchte ich dich um etwas
bitten. Verwandle die Jungs in liebe Mädchen. Den Paul in Paula, den Dany in
Dana, den Daniel in Daniela, den Hannes
in Hanna und so weiter. Damit wir end-
lich eine liebe Klasse sind und Frau
Berger sich freuen kann.
Vielen Dank sagt

Carolin

Liebes Schulgespenst,

sag Frau Merker bitte, dass sie uns
nicht immer so viele Hausaufgaben
geben soll. Wenn du das aber nicht
willst, kannst du auch meine Hausaufgaben machen. Wenn du das
aber auch nicht willst, dann kannst
du auch mein Zimmer aufräumen.

Josefine

❷ Was wünscht sich Carolin? Kann jemand ihren Wunsch erfüllen?

❸ Was meinst du zu Josefines Wunsch?

❹ Was könnte Stefanie kürzer schreiben? Was könnte sie anders schreiben?

Liebes Schulgespenst,

es wäre schön, wenn du mal in die Schule kommen würdest. Ich stelle mir einfach vor,
dass du so aussiehst wie ein wirkliches Gespenst. Und jetzt habe ich einen Wunsch. Ich
wünsche mir, dass du unseren Stundenplan veränderst und der neue so aussieht:

Montag	Dienstag	Mittwoch	Donnerstag	Freitag
Deutsch	Mathe	—	Kunst	Deutsch
Sport	Schwimmen	—	Sport	Sport
Sport	Schwimmen	—	Schwimmen	Mathe
	Schwimmen	Musik	Schwimmen	

Stefanie

❺ Schreibe selbst einen Wunsch an das Schulgespenst.

Wir beschweren uns

Situation: In der Klasse wollen wir gut miteinander auskommen.
Deshalb haben wir einen Klassenbriefkasten.
Dort können wir Wünsche einwerfen,
aber auch unsere Beschwerden.
Das hilft uns, sie in unserer Klasse zu besprechen.

❶ Unterstreiche, wie Carolin und Danny ihre Beschwerden einleiten.

> Ich finde es gemein, dass die Jungs
> uns in der Hofpause mit Schnee
> bewerfen.
>
> Carolin

> Ich beschwere mich darüber,
> dass wir immer so viele
> Hausaufgaben aufkriegen.
>
> Danny

❷ Erkennst du, an wen die Beschwerden gerichtet sind?

Carolin beschwert sich bei _____ .

Danny beschwert sich bei _____ .

❸ Unterstreiche, wie Lisa ihre Beschwerde einleitet.

> An die Jungs eine Beschwerde:
> Ich finde es gemein, was die
> Jungs in der großen Hofpause
> machen.
>
> Lisa

❹ Was fällt dir an Lisas Beschwerde auf?

_____

_____

❺ Weißt du, worüber Lisa sich beschwert? Was könnte sie genauer schreiben?

_____

_____

Elke Mauritius: Vom Satz zum Aufsatz
© Persen Verlag

Wir beschweren uns

Situation: In der Klasse wollen wir gut miteinander auskommen.
Deshalb haben wir einen Klassenbriefkasten.
Dort können wir Wünsche einwerfen,
aber auch unsere Beschwerden.
Das hilft uns, sie in unserer Klasse zu besprechen.

❶ Unterstreiche, wie Carolin und Danny ihre Beschwerden einleiten.

> Ich finde es gemein, dass die Jungs
> uns in der Hofpause mit Schnee
> bewerfen.
>
> Carolin

> Ich beschwere mich darüber,
> dass wir immer so viele
> Hausaufgaben aufkriegen.
>
> Danny

❷ Erkennst du, an wen die Beschwerden gerichtet sind?

Carolin beschwert sich bei _____.

Danny beschwert sich bei _____.

❸ Unterstreiche, wie Lisa und Mareike ihre Beschwerden einleiten.

> An die Jungs eine Beschwerde:
> Ich finde es gemein, was die
> Jungs in der großen Hofpause
> machen.
>
> Lisa

> Ich finde es blöd, dass wir am
> Donnerstag und Freitag immer so
> viele Stunden haben, dann kommt
> schon das Wochenende. Können
> wir das nicht anders machen?
>
> Mareike

❹ Weißt du, worüber Lisa sich beschwert? Was sollte sie genauer schreiben?

_____

_____

❺ Was meinst du zu Mareikes Beschwerde?

❻ Schreibe selbst eine Beschwerde für den Klassenbriefkasten.

Sich entschuldigen

Situation: Manchmal haben wir jemanden beschimpft, verletzt oder
uns nicht richtig verhalten. Dann sollten wir uns entschuldigen.

❶ Ergänze die Einleitung der Entschuldigung.
Du kannst die Formulierungen im Kasten nutzen.

_____

_____ ,

dass ich vergessen habe,
dich anzurufen.

Stina

_____

_____ ,

dass ich dich beleidigt habe.

Laura

_____

_____ ,

dass ich unsere Verab-
redung vergessen habe.

Lea

_____

_____

mein Zuspätkommen zum Unterricht.

Kevin

> Ich habe es nicht so gemeint … · Entschuldigen Sie bitte … · Verzeih mir … ·
> Es tut mir leid … · Entschuldige bitte … · Sei mir bitte nicht böse …

❷ Du hast jemanden beschimpft, weil du wütend warst.
Jetzt tut es dir leid, was du gesagt hast, und du möchtest dich entschuldigen.
Schreibe es ins Heft.

Elke Mauritius: Vom Satz zum Aufsatz
© Persen Verlag

Sich entschuldigen

Situation: Manchmal haben wir jemanden beschimpft, verletzt oder
uns nicht richtig verhalten. Dann sollten wir uns entschuldigen.

❶ Ergänze die Lücken.

_____ ,

dass ich vergessen habe, dich anzurufen.

Stina

Entschuldige bitte …

_____

_____

mein Zuspätkommen zum
Unterricht.   Kevin

Es tut mir leid …

Verzeih mir …

_____ ,

dass ich dich beleidigt habe.

Laura

Entschuldigen Sie bitte …

❷ Kannst du dir vorstellen, was passiert ist?

Der Streit ist entstanden mit Beschimpfen. Ich habe mich vor der Rutsche vorge-
drängelt. Dabei habe ich Martin P. beschimpft. Und er hat mich gehauen und ich habe
zurückgehauen. Dann kamen David und Alex, die haben uns auseinandergehalten.
Da wusste ich nicht, dass Martin auf den Platz rennen wollte, da habe ich meinen Fuß
gestreckt. Das hat Frau Ewert gesehen. Hiermit möchte ich mich bei Martin entschuldigen, es wird nicht wieder vorkommen.

Kai

❸ Bei wem entschuldigt sich Kai? Ob dieser die Entschuldigung annimmt?

_____

_____

❹ Wie würdest du dich an Kais Stelle entschuldigen? Schreibe ins Heft.

Aufbau einer Geschichte

Eine Geschichte besteht meist aus Überschrift, Einleitung, Hauptteil und Schluss.

❶ Lies die Geschichte.
Schneide die Teile aus und ordne sie.

> Leise sagt Sterna zu Torino:
> „Dein Herrchen hätte auch besser auf dich aufpassen können.
> Jetzt gehörst du mir und ich gebe dich nie wieder her!"

Sterna pfeift leise vor sich hin. Ihre Inliner hat sie ausgezogen und über die Schultern gehängt. Das Mädchen ist müde und ein bisschen stolz.
„Heute habe ich zum ersten Mal den Sprung über die kleine Rampe geschafft", denkt sie. Da hört Sterna etwas japsen.
Dann ein Winseln.

Es ist ein kleiner, zerzauster Vierbeiner.
„Wer bist du denn?", fragt sie und streichelt den kleinen Hund. „Wahrscheinlich vermisst ihn niemand", denkt sie und beschließt, den Hund zu behalten. Sie nennt ihn Torino.
Torino und Sterna sind unzertrennlich.
Ein paar Tage später kommt Sterna mit ihrem Hund vom Strand.
Da bemerkt sie einen Zettel an einem Baum.
Sie liest:
Wer hat meinen Hund gefunden? Tapsi ist ein kleiner …
Sie weiß sofort, dass ihr Torino gesucht wird.

Aufbau einer Geschichte

❷ Finde eine passende Überschrift.

❸ Klebe die Teile der Geschichte auf. Unterstreiche die Antworten.

Überschrift

_____

Einleitung:

Wer?
Wo?
Wann?

Hauptteil:

Was passiert?
(Wie? Warum?)

**Welche Gedanken
und Gefühle
haben die Personen?**

Schluss
Lösung

❹ Wie würde die Geschichte bei dir enden?
Schreibe einen anderen Schluss in dein Heft.

Aufbau einer Geschichte

Eine Geschichte besteht meist aus Überschrift, Einleitung, Hauptteil und Schluss.

❶ Lies die Geschichte.
Schneide die Teile aus und ordne sie.

Hinter ihr tippelt ein kleiner, zerzauster Vierbeiner. Sein Fell ist feucht und strubbelig.
„Wer bist du denn?", fragt Sterna und streichelt den kleinen Hund.
Er hat sich bestimmt von der Leine losgerissen und irrt nun umher, denkt sie.
Das Mädchen nimmt den Kleinen auf den Arm und läuft zum Supermarkt. Wahrscheinlich vermisst niemand den Hund, denkt sie und beschließt den Hund zu behalten.
„Ich werde dich Torino nennen", sagt sie und drückt den Kleinen an sich.
Torino und Sterna sind unzertrennlich. Sie hat sich sogar ein Buch über Hunde aus der Bücherhalle ausgeliehen.
Eines Tages kommt sie mit Torino vom Strand. Da bemerkt sie einen Zettel an einem Baum. Das Mädchen liest: *Wer hat meinen Hund gefunden? Tapsi ist ein kleiner …*
Sterna bekommt einen riesigen Schreck. Ein kleiner Junge sucht verzweifelt nach seinem Hund. Sein Hund heißt Tapsi. Tapsi sieht haargenau so aus wie ihr Torino.

Sterna pfeift leise vor sich hin. Ihre Inliner hat sie ausgezogen und über die Schultern gehängt. Das Mädchen ist müde und ein bisschen stolz.
„Heute habe ich zum ersten Mal den Sprung über die kleine Rampe geschafft", denkt sie. Da hört Sterna etwas japsen. Dann ein Winseln.

❷ Finde eine Überschrift.

> *Denk dir eine mögliche Über-schrift aus, die neugierig auf die Geschichte macht.*

_____

_____

Elke Mauritius: Vom Satz zum Aufsatz
© Persen Verlag

Aufbau einer Geschichte

B1

3 Übertrage deine Überschrift.

4 Klebe die Teile der Geschichte auf. Unterstreiche die Antworten.

Überschrift

Einleitung:

Wer?
Wo?
Wann?

Hauptteil:

Was passiert?
(Wie? Warum?)

Welche Gedanken und Gefühle haben die Personen?

5 Wie würde die Geschichte bei dir enden? Schreibe einen **Schluss.**

Schreibe im Schlussteil, wie die Geschichte endet. Der Schluss ist kurz und knapp.

Eine Geschichte weitererzählen

Eine Geschichte besteht aus den Teilen:

1. **Überschrift**
2. **Einleitung**
3. **Hauptteil**
4. **Schluss**

❶ Gliedere den Text in Einleitung und Hauptteil.
Markiere und schreibe die Teile an den Rand des Textes.

1	Martina und Dörte sollen sich über
2	eine günstige Zugverbindung für die Klassenreise
3	informieren. Deshalb warten sie am Schalter
4	der Fahrplanauskunft.
5	Die Freundinnen unterhalten sich über die Reise.
6	Auf einmal unterbricht Martina das Gespräch und
7	flüstert: „Pst, hörst du das Quieken?"
8	Jetzt bemerkt Dörte es auch, dann ein Kratzen.
9	Die Mädchen schauen sich neugierig um.
10	Hinter einem Papierkorb entdecken
11	sie einen grauen Schuhkarton
12	mit kleinen Löchern im Deckel.
13	Vorsichtig hebt Martina den Deckel hoch.
14	Ängstlich huscht ein goldbraunes Meerschweinchen
15	durch den Karton.
16	Dörte erblickt dort eine Nachricht.
17	Sie liest: „ Ich brauche ein neues Zuhause."
18	Die Mädchen schauen sich entsetzt an.
19	„Warum lässt jemand sein Haustier
20	hier am Bahnhof zurück?",
21	fragt Dörte ihre Freundin.

❷ Wo wird die Geschichte spannend? Markiere diese Stelle.

34

Elke Mauritius: Vom Satz zum Aufsatz
© Persen Verlag

Eine Geschichte weitererzählen

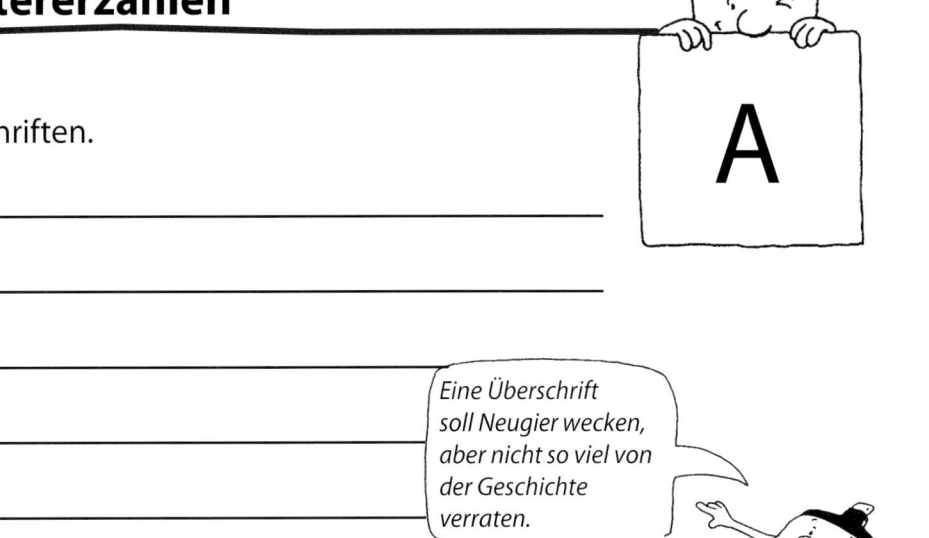

❸ Überlege dir zwei Überschriften.

_____

_____

_____

_____

_____

_____

Eine Überschrift soll Neugier wecken, aber nicht so viel von der Geschichte verraten.

❹ So könnte die Geschichte enden. Setze passende Wörter ein.

Die Kinder _____ , wie sie dem Tier helfen können.

„Hier kannst du nicht _____ . Wir nehmen dich mit!",

sagt Dörte und hebt den Karton _____ .

Dann tippt sie die Telefonnummer ihrer Lehrerin ins Handy.

Inzwischen hat Martina am Schalter eine Zugverbindung für die

_____ erhalten.

Als Martina zurückkommt, sagt Dörte glücklich: „Darf ich vorstellen,

das ist _____ , unser Klassen-Meerschweinchen."

„Toll, bei uns wirst du _____ ",

flüstert Martina und streichelt das Tier.

Diese Wörter kannst du verwenden.

Goldi · gut versorgt · überlegen · bleiben · vorsichtig hoch · Klassenreise

Eine Geschichte weitererzählen

Eine Geschichte besteht aus den Teilen:

1. **Überschrift**
2. **Einleitung**
3. **Hauptteil**
4. **Schluss**

B

❶ Gliedere den Text in Einleitung und Hauptteil.
Markiere und schreibe die Teile an den Rand des Textes.

1	Martina und Dörte sollen sich über
2	eine günstige Zugverbindung für ihre Klassenreise
3	informieren. Deshalb warten sie am Schalter
4	der Fahrplanauskunft.
5	Dörte ist noch nie mit anderen Kindern
6	verreist. Sie ist erst seit sieben Wochen in dieser Klasse.
7	Sie freut sich schon mächtig auf die Reise und
8	hat deshalb viele Fragen an ihre Freundin.
9	Auf einmal unterbricht Martina das Gespräch und
10	flüstert: „Pst, hörst du auch das Quieken?"
11	Zuerst kann Dörte nichts hören, doch dann bemerkt sie
12	ein Kratzen und danach das Quieken.
13	„Wo kommt das Geräusch her?", wundert sie sich.
14	Die Mädchen schauen sich neugierig um.
15	Hinter einem Papierkorb entdecken sie
16	einen grauen Schuhkarton mit kleinen Löchern im Deckel.
17	Vorsichtig hebt Martina den Deckel hoch.
18	Ängstlich huscht ein goldbraunes Meerschweinchen
19	durch den Karton.
20	Dörte erblickt eine Nachricht im Schuhkartondeckel.
21	Sie liest: „Ich brauche ein neues Zuhause."
22	Die Mädchen schauen sich entsetzt an.
23	„Warum lässt jemand sein Haustier hier am Bahnhof zurück?",
24	fragt Dörte ihre Freundin.

❷ Wo wird die Geschichte spannend? Markiere diese Stelle.

❸ Überlege dir eine interessante Überschrift.

_____

Elke Mauritius: Vom Satz zum Aufsatz
© Persen Verlag

Eine Geschichte weitererzählen

Im Schluss der Geschichte
erfährt der Leser, wie die Handlung endet.
Der Schluss sollte nicht zu lang sein,
damit die Spannung nicht verloren geht.

④ Schreibe einen Schluss für diese Geschichte.

_____

_____

_____

_____

_____

_____

_____

_____

Tipps für eine gute Geschichte:

1. Erzähle die wichtige Stelle der Geschichte besonders interessant (Höhepunkt).

2. Beschreibe Gefühle und Gedanken.

3. Du kannst Vergleiche, treffende Adjektive und Verben verwenden.

4. Überlege, ob du wörtliche Rede einsetzt.

5. Deine Satzanfänge sollten abwechslungsreich sein.

6. Gib der Geschichte eine Überschrift, die neugierig macht.

⑤ Fällt dir noch ein anderer Schluss ein? Welcher?

_____

_____

_____

_____

Für das Klassentagebuch schreiben

Situation: In unserem Klassentagebuch halten
wir besondere Ereignisse und Erlebnisse unseres Alltags fest.
So können wir uns am Ende unserer Schulzeit gemeinsam
erinnern. Wir erfahren so auch, was uns beschäftigt und
welche Meinung wir dazu haben.

Liebes Klassentagebuch!

Am 23. Juni haben wir im Hort
Lumpenfest gefeiert. Wir haben
Gummistiefellauf, Huckepacklauf,
Besenlauf und Reifenlauf gemacht
und wir sollten eine Vogelscheuche
anziehen. Unsere Gruppe hat immer
den ersten Platz belegt, das war
cool.

Alexander

❶ Markiere: Wie beginnt Alexander?
  • Von welchem Tag berichtet er?
  • Was schreibt er unter seinen
    Eintrag?

❷ Markiere mit einer anderen Farbe:
  • Worüber berichtet Alexander?
  • Welche Meinung hat er dazu?

Klassentagebuch

Heute war ein schöner Tag. Wir waren in der Hintersten Mühle. Wir
haben mit Papier gebastelt. Und wir
sind mit dem Bus gefahren. Dann
hatten wir noch Mathematik. Und
dann gings in den Hort. Als wir fertig
waren mit dem Essen, sind wir raus
spielen gegangen. Dann sind wir zur
Hausaufgabenstunde gegangen.

Sandra

❸ Was fehlt bei Sandras Eintrag?

❹ Markiere, was du anders ausdrücken
würdest.

❺ Schreibe den Eintrag neu.

_____

_____

_____

_____

_____

_____

❻ Schreibe selbst einen Eintrag für das Klassentagebuch.

Elke Mauritius: Vom Satz zum Aufsatz
© Persen Verlag

Für das Klassentagebuch schreiben

Situation: In unserem Klassentagebuch halten
wir besondere Ereignisse und Erlebnisse unseres Alltags fest.
So können wir uns am Ende unserer Schulzeit gemeinsam
erinnern. Wir erfahren so auch, was uns beschäftigt und
welche Meinung wir dazu haben.

❶ Markiere in beiden Einträgen:
- Wie wird begonnen?
- Von welchem Tag wird berichtet?
- Was steht unter dem Eintrag?

> Liebes Klassentagebuch!
>
> Am 23. Juni haben wir im Hort Lumpenfest
> gefeiert. Wir haben Gummistiefellauf,
> Huckepacklauf, Besenlauf und
> Reifenlauf gemacht und wir sollten eine
> Vogelscheuche anziehen. Unsere
> Gruppe hat immer den ersten Platz
> belegt, das war cool.
>
> Alexander

> Klassentagebuch
>
> Heute war ein schöner Tag. Wir waren
> in der Hintersten Mühle. Wir haben mit
> Papier gebastelt. Und wir sind mit dem
> Bus gefahren. Dann hatten wir noch
> Mathematik. Und dann gings in den
> Hort. Als wir fertig waren mit dem
> Essen, sind wir raus spielen gegangen.
> Dann sind wir zur Hausaufgabenstunde
> gegangen.
>
> Tina

❷ Unterstreiche mit einer anderen Farbe:
- Worüber wird berichtet?
- Welche Meinung wird dazu geäußert?

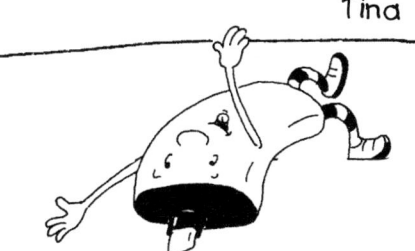

❸ Was fällt dir an den Formulierungen auf?

❹ Lies Martins Eintrag. Was könnte Martin streichen, weil es selbstverständlich ist
oder nicht interessiert? Streiche es durch.

> Liebes Klassentagebuch!
> Ich stand um 6:15 Uhr auf. Nach dem Waschen und Frühstücken ging ich zur Schule. Auf
> dem Weg dorthin holte ich Marcel ab. In der ersten Stunde hatten wir Kunst und
> Gestaltung. Wir beendeten die Stunde früher, da wir noch zur Hintersten Mühle fahren
> wollten. Dort angekommen, bekamen wir Ferngläser und dann ging es ab in den Wald.
> Wir lernten dort viele Laub- und Nadelbäume kennen. Wie zum Beispiel: Rotbuche, Kiefer
> und Lärchen. Als wir den Rückweg beendet hatten, fuhren wir wieder zurück in die
> Schule. Für die letzte Stunde wurden wir aufgeteilt. Ich war in der Klasse 4e. Nach dem
> Mittagessen ging ich nach Hause und erledigte meine Hausaufgaben.
>
> Martin

❺ Schreibe selbst einen Eintrag für das Klassentagebuch.

Eine E-Mail schreiben

Situation: Die Kinder der Klasse 3a haben zum Schuljahresbeginn neue Bücher bekommen. Nun schreiben sie an den Verlag, wie ihnen die Bücher gefallen.

An: Herrn Berger
Von: Rico
Betreff: Bücher

Lieber Herr Berger,

ich finde die Bücher toll, weil sie von Fußball und Pferden handeln. Außerdem gefallen mir die Bilder. Es gibt auch so schöne Geschichten von Katzen, zum Beispiel: „Ein Kater ist kein Sofakissen."

Viele Grüße
Rico

❶ Markiere mit verschiedenen Farben:
 • Wie beginnt Rico seine E-Mail?
 • Wie leitet er seine Meinung ein?
 • Wie begründet er seine Meinung?
 • Wie endet die E-Mail?

❷ Rico sollte besser die Reihenfolge der Sätze tauschen. Markiere.

❸ Welches Wort verwendet Janine zu häufig. Unterstreiche.

An: Herrn Berger
Von: Janine
Betreff: Die neuen Bücher

Lieber Herr Berger,

ich finde die Bücher schön, weil da schöne Themen drin sind. Ich finde auch die Fragen schön. In dem Buch sind schöne Bilder und Geschichten.

Janine

❹ Was könnte Janine noch genauer ausdrücken?

❺ Schreibe die E-Mail von Janine anders. Tipp: Denke dabei an dein Schulbuch.

Elke Mauritius: Vom Satz zum Aufsatz
© Persen Verlag

Eine E-Mail schreiben

Situation: Die Kinder der Klasse 3a haben zum Schuljahresbeginn neue Bücher bekommen. Nun schreiben sie an den Verlag, wie ihnen die Bücher gefallen.

An: Herrn Berger
Von: Rico
Betreff: Bücher

Lieber Herr Berger,

ich finde die Bücher toll, weil sie von Fußball und Pferden handeln. Außerdem gefallen mir die Bilder. Es gibt auch so schöne Geschichten von Katzen, zum Beispiel: „Ein Kater ist kein Sofakissen."

Viele Grüße
Rico

❶ Markiere mit verschiedenen Farben:
- Wie beginnt Rico seine E-Mail?
- Wie leitet er seine Meinung ein?
- Wie begründet er seine Meinung?
- Wie endet die E-Mail?

❷ Rico sollte besser die Reihenfolge der Sätze tauschen. Markiere.

❸ Was fällt dir an Janines E-Mail auf? Schreibe sie anders.

An: Herrn Berger
Von: Janine
Betreff: Die neuen Bücher

Lieber Herr Berger,

ich finde die Bücher schön, weil da schöne Themen drin sind. Ich finde auch die Fragen schön. In dem Buch sind schöne Bilder und Geschichten.

Janine

❹ Stell dir vor, du möchtest eine E-Mail an den Verlag schreiben, der deine Schulbücher hergestellt hat. Was würdest du schreiben?

Eine Meinung sagen

Situation: In der Klasse wollen wir besser miteinander auskommen.
Deshalb haben die Kinder sich Gedanken gemacht,
was sie an Mädchen und Jungen gut finden.
Ihre Gedanken haben sie an die Pinnwand geheftet.

❶ Markiere, wie Wolodja seine Meinung einleitet.

❷ Er hat zwei unterschiedliche Gedanken miteinander verbunden.
Formuliere daraus zwei Sätze. Schreibe sie auf.

> Ich finde Mädchen gut,
> weil sie so kluge Antworten
> geben und sie sollen sport-
> lich sein.
>
> Wolodja

_____

_____

_____

_____

_____

❸ Unterstreiche, wie Jenny ihre Meinung einleitet.

❹ Sie hat genaue Vorstellungen, welche Eigenschaften die Jungen haben sollen.
Formuliere die ersten beiden Sätze anders.

> Mir gefallen Jungen gut, die stark sind,
> die gut aussehen und die hilfsbereit
> und die nett sind. Und sie sollten auch
> nicht nur vor dem Fernseher sitzen,
> sie sollten viel mehr draußen sein.
>
> Jenny

_____

_____

_____

_____

_____

❺ Welche Meinung hast du zum Thema **Jungen** oder **Mädchen**?
Schreibe sie auf.

42

Eine Meinung sagen

Situation: In der Klasse wollen wir besser miteinander auskommen.
Deshalb haben die Kinder sich Gedanken gemacht,
was sie an Mädchen und Jungen gut finden.
Ihre Gedanken haben sie an die Pinnwand geheftet.

❶ Unterstreiche, wie die Kinder ihre Meinung eingeleitet haben.

> Ich finde Mädchen gut,
> weil sie so kluge Antworten
> geben und sie sollen sport-
> lich sein.
>
> Wolodja

> Mir gefallen Jungen gut,
> die stark sind, die gut aussehen
> und die hilfsbereit und die nett
> sind. Und sie sollten auch nicht
> nur vor dem Fernseher sitzen,
> sie sollten viel mehr draußen
> sein.
>
> Jenny

> Ich finde es gut, wenn Mädchen blonde
> Haare haben, die nicht meckern, die
> Katzen mögen und Hunde. Mädchen,
> denen immer etwas einfällt gegen Lange-
> weile und immer das Essen ans Bett
> bringen.
>
> Patrick.

> Mädchen müssen gut Fußball spielen
> können. Ich finde, Mädchen müssen
> angeln können und die Schuppen
> abschruppen können. Aber sie müssen
> sportlich sein.
>
> Maik

❷ Was würdest du bei Wolodjas Meinung verändern?
Markiere die Stelle im Text.

❸ Warum hat Maik seine Meinung nicht so gut formuliert?
Was würdest du ändern?

_____

_____

❹ Was ist Jenny nicht gut gelungen? Schreibe anders.

_____

_____

❺ Was gefällt dir an Patricks Meinung? Was stimmt hier nicht?

_____

❻ Schreibe deine Meinung zum Thema **Mädchen** und **Jungen** für eure Pinnwand auf.

Ein Zeitungsbericht

Ein Bericht informiert über ein Ereignis.
Er gibt Auskunft über die Fragen:
Wer? Was? Wann? Wo? Wie?
Das Ereignis muss sachlich beschrieben werden
und so, wie es sich ereignet hat.
Ein Bericht steht meistens in der Vergangenheit.

❶ Markiere im Text die Antworten in verschiedenen Farben.

Zu viel Beute für unbekannte Einbrecher?
Diebe dringen in Arztpraxis ein

In der Nacht zum Sonntag drangen Diebe in ein Gebäude mit mehreren Arztpraxen an der Neuburgstraße in Stade ein. Die Täter entwendeten in zwei Praxen Geldkassetten, Computer, Flachbildschirme und zwei Möbeltresore. Das Diebesgut seilten die Täter ab – und ließen es größtenteils auf der Straße stehen. Schaden: rund 1000 Euro. Hinweise an die Polizei in Stade.

- **Wer** war daran beteiligt?
- **Was** ist passiert?
- **Wann** ist etwas passiert?
- **Wo** ist es passiert?
- **Wie** ist etwas passiert?
- **Welche** Folgen hat das Geschehen?

---

❷ Schneide aus der Zeitung einen spannenden Bericht aus. Markiere die Informationen wie in Aufgabe 1.

Klebe den Zeitungsbericht hier auf.

- **Wer** war daran beteiligt?
- **Was** ist passiert?
- **Wann** ist etwas passiert?
- **Wo** ist es passiert?
- **Wie** ist etwas passiert?
- **Welche** Folgen hat das Geschehen?

Ein Zeitungsbericht

Ein Bericht informiert über ein Ereignis.
Er gibt Auskunft über die Fragen:
Wer? Was? Wann? Wo? Wie?
Das Ereignis muss sachlich beschrieben werden
und so, wie es sich ereignet hat.
Ein Bericht steht meistens in der Vergangenheit.

❶ Markiere im Text die Antworten.
Weißt du, weshalb dieser Bericht in der Zeitung erschienen ist?

Zu viel Beute für unbekannte Einbrecher?
Diebe dringen in Arztpraxis ein

In der Nacht zum Sonntag drangen Diebe in
ein Gebäude mit mehreren Arztpraxen an der
Neuburgstraße in Stade ein. Die Täter entwendeten in zwei Praxen Geldkassetten, Computer,
Flachbildschirme und zwei Möbeltresore. Das
Diebesgut seilten die Täter ab – und ließen es
größtenteils auf der Straße stehen. Schaden:
rund 1000 Euro. Hinweise an die Polizei in
Stade.

- **Wer** war daran beteiligt?
- **Was** ist passiert?
- **Wann** ist etwas passiert?
- **Wo** ist es passiert?
- **Wie** ist etwas passiert?
- **Welche** Folgen
  hat das Geschehen?

---

❷ Denke dir ein Ereignis für einen
spannenden Bericht aus.
Notiere Stichpunkte.

- **Wer** war daran beteiligt?
- **Was** ist passiert?
- **Wann** ist etwas passiert?
- **Wo** ist es passiert?
- **Wie** ist etwas passiert?
- **Welche** Folgen
  hat das Geschehen?

Stichpunkte:

_____

_____

_____

_____

_____

_____

_____

_____

❸ Schreibe den Bericht ins Heft.

Einen Bericht schreiben

Situation: Markus hat seine Monatskarte für den Schulbus verloren. Er schreibt einen Bericht, den er im Fundbüro abgibt.

❶ Markiere die wichtigen Informationen im Bericht.

Bericht über den Verlust der Monatsfahrkarte

Am Sonntagabend packte ich meine Monatsfahrkarte in die rechte Seitentasche meines Schulrucksackes. Am 4. März stieg ich 7.10 Uhr an der Haltestelle *Am Torfweg* in die Linie 4 ein. Beim Einsteigen zeigte ich den Ausweis dem Busfahrer. Die Monatskarte steckte ich danach in meine Jackentasche. Anschließend setzte ich mich in die letzte Reihe neben Stina. Am Busbahnhof stieg ich 7.35 Uhr aus und lief zur Schule. Als ich 13.00 Uhr am Bahnhof meine Fahrkarte dem Busfahrer zeigen wollte, bemerkte ich, dass sie fehlte. Ich suchte sie im meiner Jacke, im Rucksack und sogar in der Schule.

Markus Holtz, Steinweg 7, 21680 Stade

- **Wer** war daran beteiligt?
- **Was** ist passiert?
- **Wann** ist etwas passiert?
- **Wo** ist es passiert?
- **Wie** ist etwas passiert?
- **Welche** Folgen hat das Geschehen?

❷ Streiche die ungenauen und unwichtigen Angaben durch.

❸ Schreibe den Bericht neu.

_____

_____

_____

_____

_____

_____

_____

46

Einen Bericht schreiben

Situation: Markus hat seine Monatskarte für den Schulbus verloren.
Er schreibt einen Bericht, den er im Fundbüro abgibt.

B

❶ Markiere die wichtigen Informationen im Bericht.

Bericht über den Verlust der
Monatsfahrkarte

Am Sonntagabend packte ich meine Monats-
fahrkarte in die rechte Seitentasche meines
Schulrucksackes. Danach las ich noch im
Bett Harry Potter und schlief gegen 21 Uhr
ein.
Am 4. März stieg ich 7.10 Uhr an der Haltestelle *Am Torfweg* in die Linie 4 ein. Beim
Einsteigen zeigte ich den Ausweis dem Busfahrer. Die Monatskarte steckte ich danach
in meine Jackentasche.
Anschließend setze ich mich in die letzte
Reihe und rechnete noch schnell meine
Mathe-Hausaufgaben aus.
Am Busbahnhof stieg ich 7.35 Uhr aus und
lief mit Stina zur Schule.
Als ich 13.00 Uhr am Bahnhof meine Fahrkarte aus der Jacke holen wollte, bemerkte
ich, dass der Reißverschluss meiner Jacke
nicht verschlossen war. Meine Fahrkarte
fehlte. Ich suchte die Karte im Rucksack
und lief zur Schule zurück. Der Hausmeister
konnte mir auch nicht helfen.

Markus Holtz, Steinweg 7, 21680 Stade

- **Wer** war daran beteiligt?
- **Was** ist passiert?
- **Wann** ist etwas passiert?
- **Wo** ist es passiert?
- **Wie** ist etwas passiert?
- **Welche** Folgen hat das Geschehen?

❷ Streiche die ungenauen und unwichtigen Angaben durch.

❸ Schreibe selbst einen Bericht über ein Ereignis.

_____

_____

_____

_____

_____

_____

Einen Bericht für die Zeitung schreiben

Situation: Ella hat für die Schülerzeitung zwei Berichte über ihren Besuch auf einem Obsthof im Alten Land geschrieben. Sie kann sich nicht entscheiden, welcher Bericht besser geeignet ist.

❶ Markiere wichtige Informationen in beiden Berichten. (Wer? Was? Wann? Wo? Wie? Welche Folgen?)

Apfeltage im Alten Land

Am zweiten Wochenende im September finden jedes Jahr im Alten Land die Altländer Apfeltage statt. Deshalb fuhren meine Eltern und ich am Wochenende nach Jork auf den Obsthof der Familie Flörke. Dort gab es viele Apfelsorten zum Probieren, sogar Apfelkuchen und Apfelmarmelade. Ich durfte mit einer alten Apfelpresse den Saft aus den Äpfeln pressen. Der Apfelsaft hat richtig lecker geschmeckt. Beim Apfel-Quiz habe ich einen kleinen Korb „Elstar" gewonnen. Der Besuch hat mir richtig Spaß gemacht. Ich freue mich schon auf das nächste Jahr, dann wollen wir einen anderen Obsthof im Alten Land besuchen.

Ella Peter

Bericht 1

Apfeltage im Alten Land

Am zweiten Wochenende im September finden jedes Jahr im Alten Land die Altländer Apfeltage statt. Deshalb fuhren meine Eltern und ich am Wochenende nach Jork auf den Obsthof der Familie Flörke. Dort gab es viele Apfelsorten zum Probieren, sogar Apfelkuchen und Apfelmarmelade.
Ich durfte mit einer alten Apfelpresse den Saft aus den Äpfeln pressen.
Beim Apfel-Quiz habe ich einen kleinen Korb „Elstar" gewonnen.

Ella Peter

Bericht 2

❷ Vergleiche die Berichte. Worin unterscheiden sie sich?

_____

_____

_____

_____

_____

_____

Elke Mauritius: Vom Satz zum Aufsatz
© Persen Verlag

Einen Bericht für die Zeitung schreiben

❸ Welcher Bericht ist für die Schülerzeitung besser geeignet?
Begründe deine Antwort.

A

_____

_____

_____

_____

_____

_____

_____

_____

> *Bei einem Bericht über ein Erlebnis kannst du auch deine Meinung sagen.*

_____

_____

❹ Schneide aus der Zeitung einen spannenden Bericht aus. Markiere die Informationen wie in Aufgabe 1.

Klebe den Zeitungsbericht hier auf.

- **Wer** war daran beteiligt?
- **Was** ist passiert?
- **Wann** ist etwas passiert?
- **Wo** ist es passiert?
- **Wie** ist etwas passiert?
- **Welche** Folgen hat das Geschehen?

Einen Bericht für die Zeitung schreiben

Situation: Zum Thema **Berichten** in der Klasse 4c schrieb Markus
einen Unfallbericht und Ella berichtete für die Schülerzeitung von ihrem Besuch auf dem Obsthof.

❶ Unterstreiche in den Berichten die wichtigen Informationen.
(Wer? Was? Wann? Wo? Wie? Welche Folgen?)

Apfeltage im Alten Land

Am zweiten Wochenende im September
finden jedes Jahr im Alten Land die Altländer
Apfeltage statt. Deshalb fuhren meine Eltern
und ich am Wochenende nach Jork auf den
Obsthof der Familie Flörke. Dort gab es viele
Apfelsorten zum Probieren, sogar Apfelkuchen und Apfelmarmelade. Ich durfte mit
einer alten Apfelpresse den Saft aus den
Äpfeln pressen. Der Apfelsaft hat richtig
lecker geschmeckt. Beim Apfel-Quiz habe ich
einen kleinen Korb „Elstar" gewonnen. Der
Besuch hat mir richtig Spaß gemacht. Ich
freue mich schon auf das nächste Jahr, dann
wollen wir einen anderen Obsthof im Alten
Land besuchen.

Ella Peter

Bericht 1

Wie jeden Montag ging ich auch am Montag-
nachmittag, den 2. Mai, mit Lara, dem Hund
meiner Nachbarin, spazieren. Als wir am
Lessingweg warteten, um die Straße zu über-
queren, riss sich Lara los und rannte auf die
Fahrbahn.
Der Hund hatte eine Katze entdeckt und jagte
hinter ihr her.
Ein rotes Auto musste deshalb so stark brem-
sen, dass die Reifen laut quietschten. Das
Fahrzeug dahinter konnte nicht mehr anhalten
und fuhr auf.
Beide Autos hatten eine verbeulte Stoßstange.
Die Fahrer blieben unverletzt.

Markus Hingst

Bericht 2

❷ Vergleiche die Berichte.
Worin unterscheiden sie sich?

_____

_____

_____

_____

_____

_____

_____

Elke Mauritius: Vom Satz zum Aufsatz
© Persen Verlag

Einen Bericht für die Zeitung schreiben

B

3 Sollte Ella in ihrem Bericht für die Schülerzeitung ihre Meinung äußern?
Begründe deine Antwort.

_____

_____

_____

_____

_____

Bei einem Bericht über ein Erlebnis kannst du auch deine Meinung sagen.

4 Schreibe für die Klassenzeitung einen Bericht. Du kannst über Folgendes schreiben:
- Erlebnis vom Wochenende
- Klassenfahrt
- Sportwettkampf
- Besuch in der Kinderbibliothek

_____

_____

_____

_____

_____

_____

_____

_____

_____

_____

_____

Einen Sachtext schreiben

Ein Sachtext teilt wichtige Informationen mit.
Er beschreibt Fakten und Zusammenhänge.
Der Leser soll etwas schlauer werden. Dazu muss
er sich gut im Text orientieren können.
Eine Gliederung kann bei der Auswahl der Informationen
und der Reihenfolge für deinen Sachtext helfen.

1. **Einführung**
2. **Welche Arten von Walen gibt es?**
3. **Wovon ernähren sich Wale?**
4. **Wie kommen die Walkinder zur Welt?**
5. **Abschluss**

❶ Ordne die Sätze den Gliederungspunkten zu. Schreibe die Nummer auf.

☐ Dennoch sind Wale keine Fische, sondern Säugetiere.

☐ Sie gebären lebende Jungen und säugen sie mit Muttermilch.

☐ Wale atmen Luft und sind warmblütig.

☐ Zahnwale haben ein normales Säugetiergebiss,
   deshalb können sie Fische und Tintenfische fressen.

☐ Wale leben im Wasser und sehen aus wie Fische.

☐ Zahnwale sind Raubtiere. Der größte Zahnwal ist der Pottwal.

☐ Die Weibchen gebären dann alle zwei Jahre ein einzelnes Kalb.

☐ Mit 6 Jahren können Walweibchen Junge gebären.

☐ Die Bartenwale haben in ihrem Maul einen Filterapparat,
   mit dem sie winzige Kleinkrebse aus dem Wasser filtern.

☐ Über Wale gibt es noch viel Spannendes zu berichten,
   z.B. über Blauwale, die größten Tiere, oder über Delfine.

☐ Zu den Bartenwalen gehören: der Blauwal, der Grauwal,
   der Buckel- oder Zwergwal.

☐ Die Biologen teilen die Wale in zwei Arten: Zahnwale und Bartenwale.

Elke Mauritius: Vom Satz zum Aufsatz
© Persen Verlag

Einen Sachtext schreiben

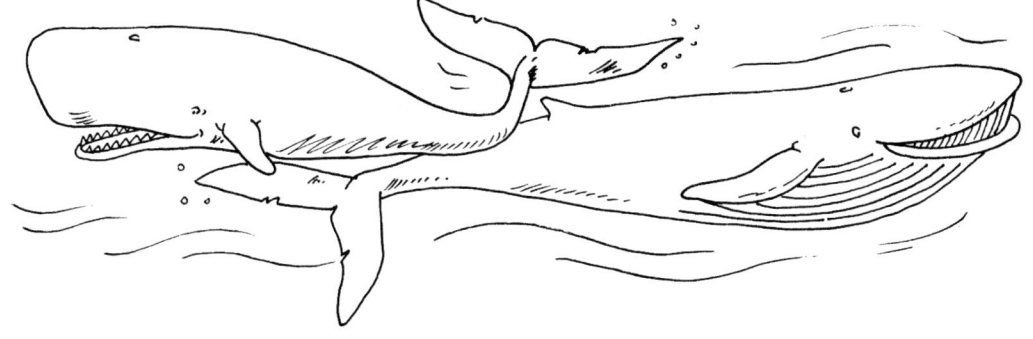

❷ Schreibe den Text geordnet in dein Heft oder mit dem Computer.

❸ Kontrolliere deinen Text. Sind die Satzanfänge in Ordnung?

❹ Suche in Büchern Informationen über **Elefanten.**
Beachte dabei die Gliederung.

1. Einführung

2. Welche Arten von **Elefanten** gibt es?

3. Wovon ernähren sich **Elefanten?**

4. Wie kommen **Elefantenjungen** zur Welt?

5. Abschluss

❺ Schreibe den Sachtext über Elefanten weiter.
Schreibe in dein Heft.

Elefanten sind die größten lebenden Landtiere.
Heute leben noch drei Elefantenarten auf der Erde.
Dazu gehören der Asiatische Elefant, der Afrikanische Elefant
und der Waldelefant ...

Einen Sachtext schreiben

Ein Sachtext teilt wichtige Informationen mit.
Er beschreibt Fakten und Zusammenhänge.
Der Leser soll etwas schlauer werden. Dazu muss
er sich gut im Text orientieren können.
Eine Gliederung kann bei der Auswahl der Informationen
und der Reihenfolge für deinen Sachtext helfen.

1. **Einführung**
2. **Welche Arten von Walen gibt es?**
3. **Wovon ernähren sich Wale?**
4. **Wie kommen die Walkinder zur Welt?**
5. **Abschluss**

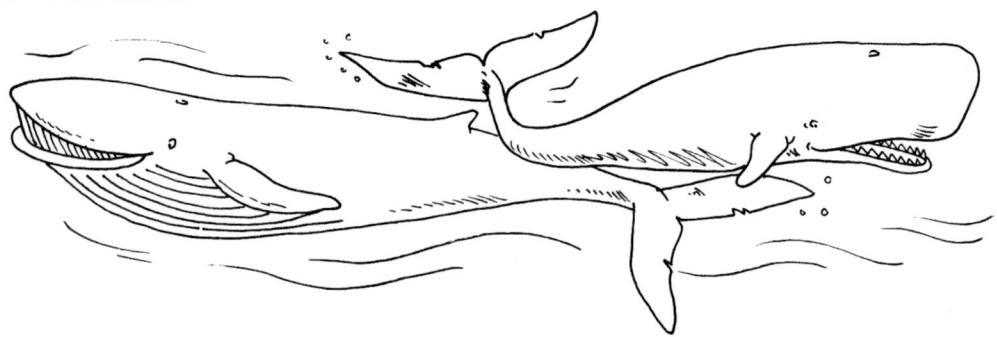

❶ Welche Sätze enthalten überflüssige Informationen? Streiche sie durch.

❷ Ordne die Sätze den Gliederungspunkten zu. Schreibe die Nummer auf.

☐ Wie alt Wale werden können, weiß man nur von wenigen Arten.
Man geht davon aus, dass sie zwischen 35 und 70 Jahren alt werden.

☐ Dennoch sind Wale keine Fische, sondern Säugetiere.

☐ Sie gebären lebende Jungen und säugen sie mit Muttermilch.

☐ Wale atmen Luft und sind warmblütig.

☐ Unter der Haut haben Wale eine Fettschicht, die sie vor Kälte schützt.

☐ Zahnwale haben ein normales Säugetiergebiss, deshalb können sie
Fische und Tintenfische fressen.

☐ Zahnwale sind Raubtiere. Der größte Zahnwal ist der Pottwal.

☐ Das Beobachten von Walen ist zu einem Tourismuszweig geworden.

☐ Mit 6 Jahren können Walweibchen Junge gebären.

54

Einen Sachtext schreiben

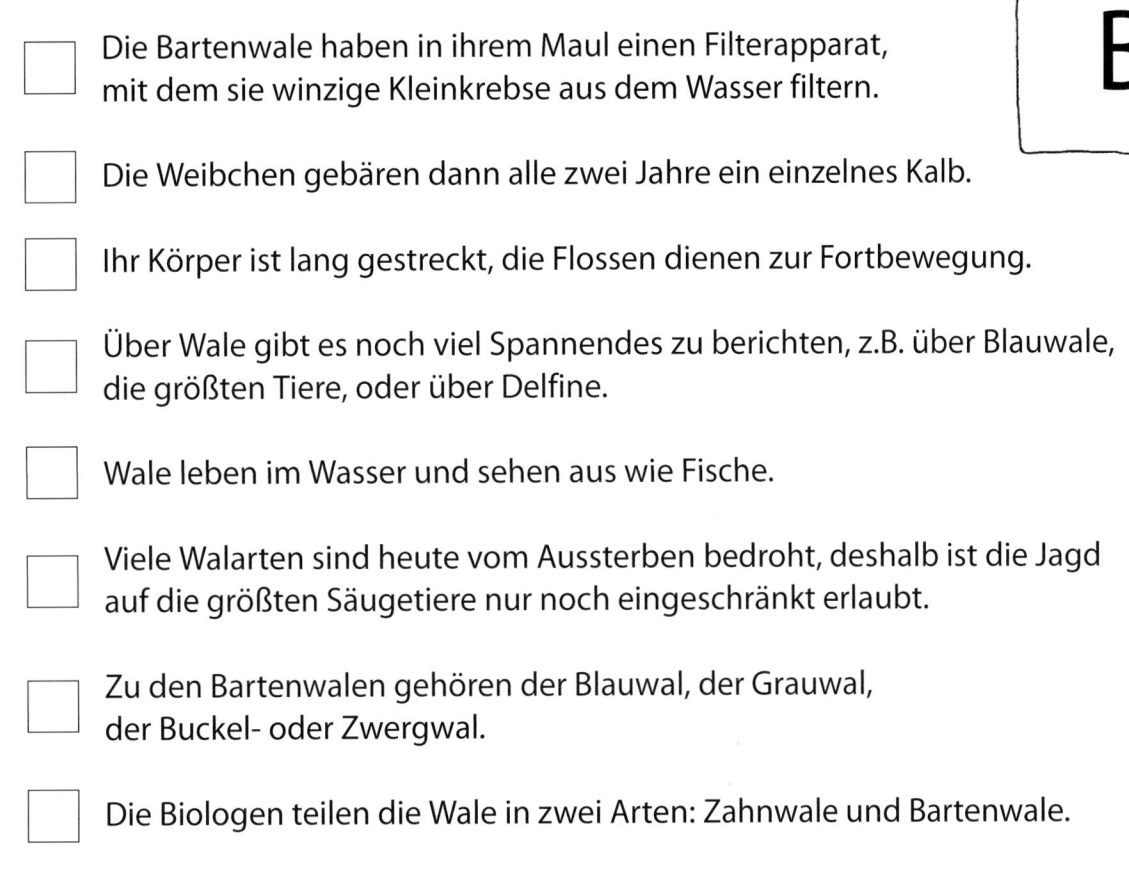

☐ Die Bartenwale haben in ihrem Maul einen Filterapparat, mit dem sie winzige Kleinkrebse aus dem Wasser filtern.

☐ Die Weibchen gebären dann alle zwei Jahre ein einzelnes Kalb.

☐ Ihr Körper ist lang gestreckt, die Flossen dienen zur Fortbewegung.

☐ Über Wale gibt es noch viel Spannendes zu berichten, z.B. über Blauwale, die größten Tiere, oder über Delfine.

☐ Wale leben im Wasser und sehen aus wie Fische.

☐ Viele Walarten sind heute vom Aussterben bedroht, deshalb ist die Jagd auf die größten Säugetiere nur noch eingeschränkt erlaubt.

☐ Zu den Bartenwalen gehören der Blauwal, der Grauwal, der Buckel- oder Zwergwal.

☐ Die Biologen teilen die Wale in zwei Arten: Zahnwale und Bartenwale.

❸ Suche Informationen zu einem anderen Tier.
Nutze die vorgegebene Gliederung oder stelle eine eigene Gliederung auf.
Schreibe einen Sachtext ins Heft oder mit dem Computer.

❹ Kontrolliere deinen Sachtext:
Prüfe, ob zu allen Gliederungspunkten Informationen enthalten sind.
Stimmt die Reihenfolge? Nutze deine Gliederung.
Kontrolliere die Satzanfänge und vermeide Wiederholungen.

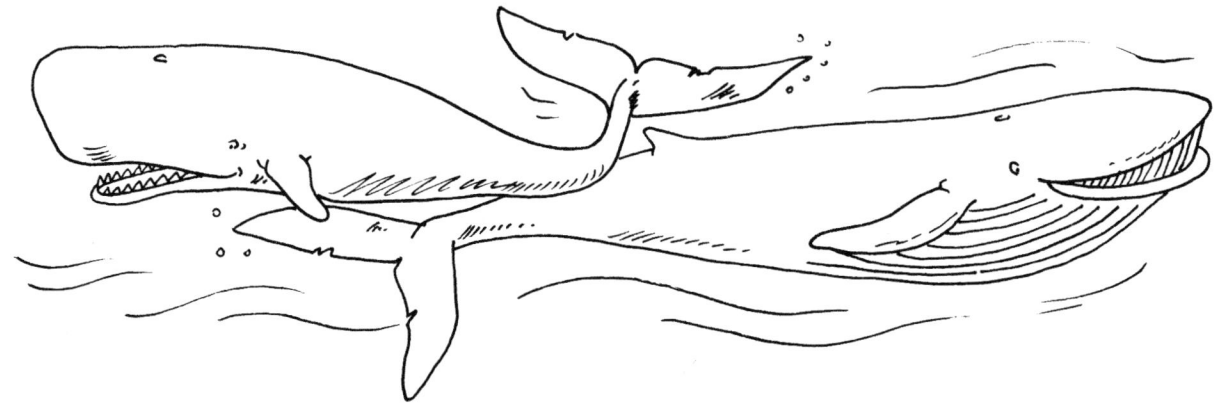

Wortfelder nutzen

Situation: Wenn du einen Text schreibst, suchst du manchmal
nach einem treffenderen Wort, das das Gleiche bedeutet,
aber noch genauer ausdrückt, was du sagen willst.

A1

❶ Hier findest du drei Wortfelder. Ordne sie in die Tabelle.

anfragen · entziffern · vergnügen · Frage stellen · stöbern · querlesen ·
informieren · lächeln · schmunzeln · sich erkundigen · durchblättern · hineinschauen ·
durchlesen · sich umhören · strahlen · erheitern · aushorchen · jauchzen

freuen	fragen	lesen

❷ Ergänze ein passendes Wort.

a) Mein Vater hat die Zeitung nur kurz _____ .

b) Mein Freund wollte mich nur _____ .

c) Über den Witz konnte sie nur _____ .

Elke Mauritius: Vom Satz zum Aufsatz
© Persen Verlag

Wortfelder nutzen

Situation: Wenn du einen Text schreibst, suchst du manchmal nach einem treffenderen Wort, das das Gleiche bedeutet, aber noch genauer ausdrückt, was du sagen willst.

❶ Hier findest du drei Wortfelder. Ordne sie in die Tabelle.

anfragen · entziffern · vergnügen · Frage stellen · stöbern · querlesen · informieren · lächeln · schmunzeln · sich erkundigen · durchblättern · hineinschauen · durchlesen · sich umhören · strahlen · schmökern · erheitern · aushorchen · herumfragen · jauchzen · frohlocken

freuen	fragen	lesen

❷ Suche dir ein Wortfeld aus. Schreibe mit drei Wörtern jeweils einen Satz.

_____

_____

_____

_____

Wortfelder nutzen

Situation: Texte werden anschaulicher und genauer,
wenn du ein treffenderes Wort einsetzt.

A2

> reichen · hinreichen · zureichen · hinhalten · entgegenstrecken · bieten ·
> hinschieben · zuschieben · anbieten · verabfolgen · aushändigen · verabreichen ·
> schenken · überlassen · zur Verfügung stellen · austeilen · zustecken ·
> abgeben · weggeben · herausrücken · hergeben

❶ Ersetze das Wort **geben** durch ein anderes Wort.
Schreibe den neuen Satz auf.

a) Zum Geburtstag gibt Vater seiner Tochter ein Fahrrad.

_____

_____

_____

b) Die Krankenschwester gibt dem Patienten die Medizin.

_____

_____

_____

c) Peter sagt wütend: „Es wäre toll, wenn du meinen Radiergummi zurückgeben
würdest."

_____

_____

_____

Elke Mauritius: Vom Satz zum Aufsatz
© Persen Verlag

Wortfelder nutzen

d) Heimlich gibt Oma dem Jungen einen Zehn-Euro-Schein.

_____

_____

_____

A2

e) Am Tisch bittet Opa: „Würdest du mir bitte mal das Salz geben?"

_____

_____

_____

❷ Verwende das Wort **hergeben** in einem Satz.

_____

_____

_____

❸ Verwende das Wort **austeilen** in einem Satz.

_____

_____

_____

❹ Verwende die Formulierung **zur Verfügung stellen** in einem Satz.

_____

_____

_____

_____

Wortfelder nutzen

Situation: Texte werden anschaulicher,
wenn du ein treffenderes Wort einsetzt.

reichen · hinreichen · zureichen · hinhalten · entgegenstrecken · bieten ·
hinschieben · zuschieben · anbieten · verabfolgen · aushändigen · verabreichen ·
schenken · überlassen · zur Verfügung stellen · austeilen · zustecken ·
abgeben · weggeben · herausrücken · hergeben

greifen · packen · fassen · festhalten · ergreifen · schnappen · wegnehmen ·
stehlen · annehmen · entgegennehmen · entnehmen · herausnehmen ·
zur Hand nehmen · an sich nehmen

❶ Ersetze das markierte Wort durch ein anderes.
Schreibe den neuen Satz auf.

a) Zum Geburtstag **gibt** Vater seiner Tochter ein Fahrrad.

_____

_____

b) Die Krankenschwester **gibt** dem Patienten die Medizin.

_____

_____

c) Peter sagt wütend: „Es wäre toll, wenn du meinen Radiergummi
zurückgeben würdest."

_____

_____

_____

Elke Mauritius: Vom Satz zum Aufsatz
© Persen Verlag

B2

d) Heimlich **gibt** Oma dem Jungen einen Zehn-Euro-Schein.

_____

_____

e) Der Dieb **nimmt** das Fahrrad.

_____

_____

f) Stolz steht Malte auf der Bühne und **nimmt** seine Urkunde.

_____

_____

g) Fest **nimmt** der Gegner ihn am Arm.

_____

_____

❷ Schreibe insgesamt drei Sätze mit drei weiteren Wörtern aus den Wortfeldern.

_____

_____

_____

_____

_____

_____

_____

Lange Sätze teilen

Viele lange Sätze sind nur schwer zu verstehen.
Beachte das Ende einer Sinneinheit.
Setze einen Punkt.

A

❶ Lies die Geschichte.
Überlege, wo eine Sinneinheit endet.

Der Elefant und das F

1   Es war einmal ein Elefant und immer wenn er eine Treppe
2   hoch wollte, zerbrachen die Stufen und deshalb war er schon ganz
3   traurig und da begegnete ihm ein **F** und das **F** fragte: „Kann ich
4   dir helfen?" und der Elefant sagte: „Vielleicht. Kannst du dich als
5   Treppe hinlegen?" und das **F** antwortete: „Ja, das kann ich machen",
6   und es legte sich als Treppe hin und nun konnte der Elefant treppauf
7   und treppab laufen für alle Zeit.

❷ Die Sätze in diesem Text sind zu lang.
Markiere, wo du sie unterteilen willst. Schreibe die Sätze auf.

und **Immer** wenn

Sind alle
Satzanfänge groß-
geschrieben?

Es war einmal ein Elefant und immer wenn er eine Treppe hoch wollte,
zerbrachen die Stufen und deshalb war er schon ganz traurig …

_____

_____

_____

und da begegnete ihm ein **F** und das **F** fragte: „Kann ich dir helfen?"
und der Elefant sagte: „Vielleicht. Kannst du dich als Treppe hinlegen?"

_____

_____

_____

Elke Mauritius: Vom Satz zum Aufsatz
© Persen Verlag

Lange Sätze teilen

und das **F** antwortete: „Ja, das kann ich machen"
und es legte sich als Treppe hin und nun konnte der Elefant
treppauf und treppab laufen für alle Zeit.

_____

_____

_____

❸ Arbeite wie in Aufgabe 2.

Der Elefant und das **S**

1   Ein Elefant hatte Langeweile und dann lief ihm das **S**

2   über den Weg und der Elefant fragte es: „Spielst du mit

3   mir?" und dann erwiderte das **S**: „Ja, ich kann deine

4   Schaukel spielen" und dann machte sich das **S** zur

5   Schaukel und dann schaukelte der Elefant so lange,

6   bis er müde wurde.

_____

_____

_____

_____

_____

_____

_____

❹ Denke dir eine Elefantengeschichte zu dem Bild aus.
Schreibe sie in dein Heft oder mit dem Computer.

Lange Sätze teilen

Viele lange Sätze sind nur schwer zu verstehen.
Beachte das Ende einer Sinneinheit.
Setze einen Punkt.

❶ Markiere das Satzende.
Schreibe den Text ab.

Der Elefant und das F

1 Es war einmal ein Elefant und immer wenn er eine Treppe

2 hoch wollte, zerbrachen die Stufen und deshalb war er schon ganz

3 traurig und da begegnete ihm ein **F** und das **F** fragte: „Kann ich dir

4 helfen?" und der Elefant sagte: „Vielleicht. Kannst du dich als Treppe

5 hinlegen?" und das F antwortete: „Ja, das kann ich machen" und es

6 legte sich als Treppe hin und nun konnte der Elefant treppauf und

7 treppab laufen für alle Zeit.

~~und~~ **Deshalb** war

*Sind alle
Satzanfänge groß-
geschrieben?*

Elke Mauritius: Vom Satz zum Aufsatz
© Persen Verlag

Lange Sätze teilen

❷ Was fällt dir an diesem Text auf?

Der Elefant und das S

1 Ein Elefant hatte Langeweile und dann lief ihm das S

2 über den Weg und der Elefant fragte es: „Spielst du mit

3 mir?" und dann erwiderte das S: „Ja, ich kann deine

4 Schaukel spielen" und dann machte sich das S zur

5 Schaukel und dann schaukelte der Elefant so lange,

6 bis er müde wurde.

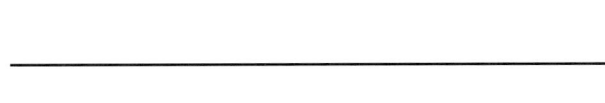

❸ Schreibe den Text mit kürzeren Sätzen auf.

_____

_____

_____

_____

_____

_____

_____

_____

❹ Denke dir eine Elefantengeschichte aus.
Schreibe sie in dein Heft oder mit dem Computer.

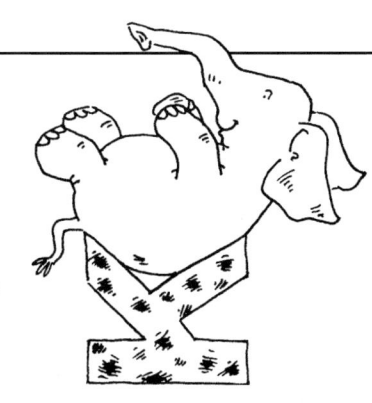

Wörtliche Rede – Begleitsätze

Wörtliche Rede macht eine Geschichte spannender. Aber es klingt langweilig, wenn im Begleitsatz immer das Wort **sagt** verwendet wird.

A1

❶ Streiche das Wort **sagt** durch. Setze ein passendes Wort dafür ein. Nutze die Wörter im Kasten.

_____

Jennifer dreht sich vorm Spiegel.

Sie probiert ihr neues T-Shirt mit dem großen Kussmund an

und ~~sagt~~ denkt: „Ob das wohl ankommt?"

Sie zieht es am nächsten Tag in die Schule an.

Bruno wirft einen schrägen Blick auf Jennifer und sagt _____ :

„Sieht nicht gerade schlecht aus!"

Conni gefällt das T-Shirt. Sie sagt _____ :

„Das würde ich mir auch wünschen, aber ich hatte erst Geburtstag."

Nur Melanie, ihre beste Freundin ist still, dann sagt _____ sie:

„Das T-Shirt kaufe ich mir von Omas Geburtstagsgeld."

Am Nachmittag geht Melanie zu Jennifer. Sie trägt das T-Shirt mit dem großen, roten

Kussmund und sagt _____ sich: „Wie es wohl Jennifer gefällt?".

Sie klingelt an der Tür.

Ihre Freundin öffnet und starrt entsetzt auf Melanie. Dann sagt _____ sie:

„Das ist gemein von dir!" und schlägt ihr die Tür vor der Nase zu.

Melanie ist völlig verdutzt. Sie sagt _____ :

„ _____ ."

> flüstert · staunt · erzählt · entgegnet · fügt hinzu · redet · schreit ·
> brummt · antwortet · erklärt · bemerkt · meint

❷ Denke dir eine Überschrift aus.

❸ Überlege dir einen anderen Schluss. Schreibe ihn in dein Heft.

Elke Mauritius: Vom Satz zum Aufsatz
© Persen Verlag

Wörtliche Rede – Begleitsätze

Wörtliche Rede macht eine Geschichte spannender.
Aber es klingt langweilig, wenn im Begleitsatz immer
das Wort **sagt** verwendet wird.

❶ Lies die Geschichte.
Finde eine passende Überschrift.

_____

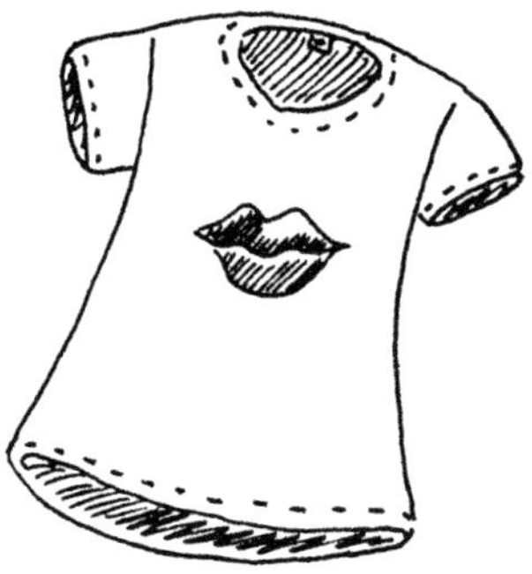

❷ Streiche das Wort sagt durch. Setze passende Wörter dafür ein.

Jennifer dreht sich vorm Spiegel.

Sie probiert ihr neues T-Shirt mit dem großen Kussmund an

und ~~sagt~~ denkt: „Ob das wohl ankommt?"

Sie zieht es am nächsten Tag in die Schule an.

Bruno wirft einen schrägen Blick auf Jennifer und sagt _____ :

„Sieht nicht gerade schlecht aus!"

Conni gefällt das T-Shirt auch. Sie sagt _____ :

„Das würde ich mir auch wünschen, aber ich hatte erst Geburtstag."

Nur Melanie, ihre beste Freundin, sagt nichts laut. Sie sagt _____ :

„Das T-Shirt kaufe ich mir von Omas Geburtstagsgeld."

Am Nachmittag geht Melanie zu Jennifer. Sie trägt das T-Shirt mit dem großen roten

Kussmund und sagt _____ sich: „Wie es wohl Jennifer gefällt?"

Sie klingelt an der Tür.

Ihre Freundin öffnet und starrt entsetzt auf Melanie. Dann sagt _____ sie:

❸ Überlege dir einen Schluss.

_____

_____

_____

Wörtliche Rede

Mit wörtlicher Rede werden Geschichten spannender.

❶ Ergänze in der Geschichte die wörtliche Rede. Du kannst diese Sätze nutzen.

Was machen wir jetzt mit dem Hund?	Cool, ihr habt ihn gerettet!	Hallo!
Oh je, er läuft auf die Straße.	Hi!	Wo ist denn sein Besitzer?
Sieh mal, der kleine Hund ist wohl ausgerissen?		

Sina will sich das Kinoprogramm anschauen.

An der Kreuzung trifft sie Franzi.

„ _____ ", begrüßt Sina ihre Freundin.

„ _____ ", ruft ihr Franzi entgegen.

Die Mädchen bleiben stehen und schwatzen miteinander. Da sieht Sina,

wie ein kleiner Dalmatiner angelaufen kommt.

Er steuert auf die Straße zu. Sina zeigt auf den Hund und fragt:

„ _____

_____ ."

Franzi erkennt die Gefahr und ruft: „ _____

Sie schaffen es den Hund davon abzuhalten, auf die Straße zu laufen.

Ratlos halten sie den Dalmatiner an der Leine.

Franzi schaut sich um. „ _____ ?", denkt sie.

Sina überlegt und fragt ihre Freundin: „ _____ ?"

Da kommt ein kleiner Junge suchend angelaufen. Ganz aufgeregt ruft er schon von Weitem:

„ _____ !"

Elke Mauritius: Vom Satz zum Aufsatz
© Persen Verlag

Wörtliche Rede

Mit wörtlicher Rede werden
Geschichten spannender.

B2

❶ Was könnten Franzi und Sina sagen?
Ergänze in der Geschichte die wörtliche Rede.

Sina will sich das Kinoprogramm anschauen. An der großen Kreuzung trifft sie Franzi.

„ _____ ", begrüßt Sina ihre Freundin.

„ _____ ", ruft ihr Franzi entgegen.

Die Mädchen bleiben stehen und schwatzen miteinander. Da sieht Sina,

wie ein kleiner Dalmatiner angelaufen kommt.

Sina zeigt auf den herrenlosen Hund und sagt zu ihrer Freundin: „ _____

_____ ."

Franzi erkennt die Gefahr und ruft: „ _____ ."

Im letzten Moment schaffen sie es, den Hund davon abzuhalten,

auf die Straße zu laufen.

Ratlos stehen sie mit dem Dalmatiner an der Leine da. Franzi schaut sich um.

„ _____ ?", fragt Franzi.

Sina überlegt, dann meint sie: „ _____ ."

Da kommt ein kleiner Junge suchend angelaufen.

Ganz aufgeregt ruft er schon von Weitem: „ _____

_____ !"

Er geht verlegen auf die Freundinnen zu. Doch dann schießt ihm ein Gedanke durch den

Kopf: Er lädt die beiden Mädchen zum Eis ein.

Sina und Franzi schauen sich verdutzt an. Dann aber meinen sie: „ _____

_____ !"

❷ Finde eine Überschrift: _____

Wörtliche Rede

Mit wörtlicher Rede werden
Geschichten spannender.

A3

❶ Markiere in der Geschichte, wo du wörtliche Rede ergänzen würdest.

Auf dem Rummel

Ein Junge war mit seiner Mutter auf dem Rummel.
Der Junge wollte sich einen Luftballon kaufen.
Er bat seine Mutter um Geld.
Die Mutter sagte etwas
und gab ihm einen Euro.
Der Junge kam aber ohne Luftballon wieder.
Die Mutter wunderte sich.
Aber der Junge hatte eine Erklärung.

❷ Schreibe die Geschichte mit wörtlicher Rede auf.
Du kannst diese Sätze nutzen.

> Wo ist dein Luftballon?

> Verliere das Geld nicht!

> Gibst du mir Geld für einen Luftballon?

> Ich habe mir lieber ein Eis gekauft ...

❸ Denke dir einen anderen Schluss aus.

_____

_____

_____

_____

_____

70

Elke Mauritius: Vom Satz zum Aufsatz
© Persen Verlag

Wörtliche Rede

Mit wörtlicher Rede werden
Geschichten spannender.

B3

❶ Markiere in der Geschichte, wo du wörtliche Rede ergänzen würdest.

Auf dem Rummel

Ein Junge war mit seiner Mutter auf dem Rummel.
Der Junge wollte sich einen Luftballon kaufen.
Er bat seine Mutter um Geld.
Die Mutter sagte etwas
und gab ihm einen Euro.
Der Junge kam aber ohne Luftballon wieder.
Die Mutter wunderte sich.
Aber der Junge hatte eine Erklärung.

❷ Schreibe die Geschichte mit wörtlicher Rede auf.

_____

_____

_____

_____

_____

_____

_____

_____

_____

_____

Gefühle ausdrücken

Situation: Wenn wir eine spannende Geschichte schreiben wollen, gehört es auch dazu, dass wir die Gefühle der Personen oder des Erzählers aufschreiben.

❶ Unterstreiche, welches Gefühl Maria am Ende ihrer Geschichte ausdrückt.

❷ Maria hat einen schönen Traum. Ergänze ihre Gefühle. Die Wortfelder helfen dir.

Das verzauberte Schloss

Eines Nachts wachte ich auf. Es war so dunkel,

dass _____
Da hörte ich eine liebliche Musik. Ich stand auf,
ging aus meinem Zimmer und durchsuchte das ganze Haus.
5   Und je mehr ich in Richtung Haustür ging,
desto deutlicher wurde die Musik.

> nicht geheuer ·
> mulmig zumute ·
> unruhig · ängstlich ·
> verdächtig erscheinen

Ich war schon _____
und wollte wissen, woher die Musik kam.
Also zog ich mich an und ging nach draußen.
10 Da kam ein Pferd mit Flügeln angeflogen.
Ich stieg auf und es flog los. Es flog mit mir
über Welten, die ich nie zuvor gesehen hatte.

> interessiert sein · neugierig sein ·
> gespannt sein · gefangen
> nehmen · fesselnd ·
> atemberaubend · mitreißend ·
> unwiderstehlich · fasziniert ·
> aufhorchen · gebannt ·
> aufmerksam · erwartungsvoll

_____
Es flog und flog, bis es in einem tiefen Wald landete.
15 Kaum war ich abgestiegen, hatte sich das Pferd in Luft aufgelöst.
Die liebliche Musik begleitete mich immer noch.
Ich ging weiter und kam vor ein großes, großes Schloss.
Dort führten mich zwei Diener
in einen prunkvollen Raum.
20 Sie behandelten mich wie eine Königin.

> schön · entzückend ·
> reizend · wunderschön ·
> bildschön · herrlich ·
> unvergleichlich · strahlend ·
> blendend · traumhaft ·
> zauberhaft · wundervoll ·
> märchenhaft

Es war _____.
Ich wollte nie mehr weg.
Doch auf einmal kam das fliegende Pferd zurück.
Es sagte zu mir:
25 „Komm, steig auf, wir wollen zurück zu dir nach Hause!"
„Nein, ich will nicht, ich will hierbleiben!"
Da kamen die Diener und setzten mich aufs Pferd und das Pferd flog los.
Auf einmal hörte ich eine Stimme, die rief: „Aufstehen, Maria!"
Es war meine Mutter.
30 Schade eigentlich, der Traum hätte ruhig noch weitergehen können.
Aber ich musste leider zur Schule.
Maria

Elke Mauritius: Vom Satz zum Aufsatz
© Persen Verlag

Gefühle ausdrücken

Situation: Wenn wir eine spannende Geschichte schreiben wollen, gehört es auch dazu, dass wir die Gefühle der Personen oder des Erzählers aufschreiben.

❶ Maria hat einen schönen Traum. Dabei hat sie unterschiedliche Gefühle. Markiere die Stellen im Text, wo du Gefühle beschreiben würdest. Schreibe sie an den Rand.

Das verzauberte Schloss

Eines Nachts wachte ich auf. Es war so dunkel, dass ich mich entsetzlich ängstigte.
Da hörte ich eine liebliche Musik.
Ich stand auf, ging aus meinem Zimmer
5 und durchsuchte das ganze Haus.
Und je mehr ich in Richtung Haustür ging,
desto deutlicher wurde die Musik.
Ich wollte wissen, woher die Musik kam.
Also zog ich mich an und ging nach draußen.
10 Da kam ein Pferd mit Flügeln angeflogen.
Ich stieg auf und es flog los. Es flog mit mir über Welten,
die ich nie zuvor gesehen hatte.
Es flog und flog, bis es in einem tiefen Wald landete.
Kaum war ich abgestiegen,
15 hatte sich das Pferd in Luft aufgelöst.
Die liebliche Musik begleitete mich immer noch.
Ich ging weiter, bis ich vor ein großes Dornengestrüpp kam.
Aber ich folgte einfach der Musik.
Und so kam ich ohne einen Kratzer
20 durch das Dornengestrüpp.
Ich ging weiter und kam vor ein großes, großes Schloss.
Vor dem Schloss erwarteten mich schon zwei Diener.
Sie führten mich ins Schloss, in einen prunkvollen Raum
mit einem wunderbar gedeckten Tisch. Sie behandelten
25 mich wie eine Königin. Ich wollte nie mehr weg.
Doch auf einmal kam das fliegende Pferd zurück.
Es sagte zu mir: „Komm, steig auf,
wir wollen zurück zu dir nach Hause!"
„Nein, ich will nicht, ich will hierbleiben!"
30 Da kamen die Diener und setzten mich aufs Pferd
und das Pferd flog los.
Auf einmal hörte ich eine Stimme, die rief:
„Aufstehen, Maria!" Es war meine Mutter.
Schade eigentlich, der Traum hätte
35 ruhig noch weitergehen können.
Aber ich musste leider zur Schule.
Maria

Einen Sachtext überarbeiten

Situation: Du willst einen Sachtext über die Geschichte
des Pferdes schreiben.
Dabei sollen die Sätze so angeordnet werden,
dass der Text interessant klingt.

❶ Wähle die Sätze so aus, dass du Wiederholungen
am Satzanfang vermeidest.
Kreuze die Sätze an.

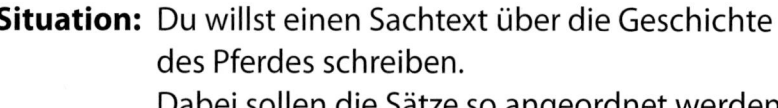

Das Pferd und seine Geschichte

o Vor 60 Millionen Jahren lebte in Nordamerika ein Tier, das wie
eine Mischung aus Fuchs und Antilope aussah. Das war das „Urpferd".

o Das „Urpferd" lebte vor 60 Millionen Jahren in Nordamerika
und sah aus wie eine Mischung aus Fuchs und Antilope.

o Das Pferd konnte drohenden Gefahren nur durch Flucht entgehen,
so entwickelte es Schnelligkeit und Ausdauer.

o Drohenden Gefahren konnte das Pferd nur durch Flucht entgehen,
so entwickelte es Schnelligkeit und Ausdauer.

o Für die Menschen der Steinzeit war das Pferd nichts weiter als ein Wildtier,
das man jagen konnte.

o Das Pferd war für die Menschen der Steinzeit nichts weiter als ein Wildtier,
das man jagen konnte.

o Das Pferd wurde aber später gezähmt, indem es vor den Wagen gespannt wurde
oder indem man sich auf den Rücken der Pferde setzte.

o Später wurde das Pferd aber gezähmt, indem man es vor den Wagen spannte
oder indem man sich auf den Rücken der Pferde setzte.

o Durch die Pferde konnten jetzt Entfernungen leicht überwunden werden,
z.B. zum Handeln, zum Jagen in fernen Gebieten oder auch um Kriege zu führen.

o Entfernungen konnten durch gezähmte Pferde leichter überwunden werden,
z.B. zum Handeln, zum Jagen oder auch um Kriege zu führen.

74

Einen Sachtext überarbeiten

❷ Schreibe die angekreuzten Sätze ab.
Kontrolliere bei deinem Text die Satzanfänge.

_____

_____

_____

_____

_____

_____

_____

_____

_____

_____

_____

_____

_____

_____

_____

_____

❸ Informiere dich über die Geschichte
des Pferdes im Internet.

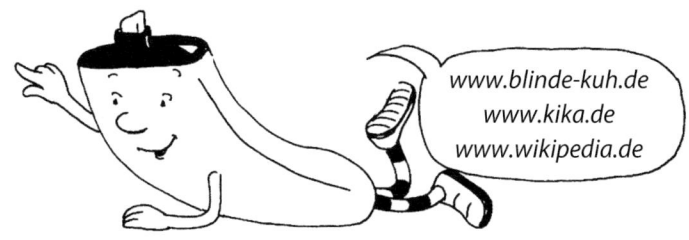

www.blinde-kuh.de
www.kika.de
www.wikipedia.de

Einen Sachtext überarbeiten

Situation: Du willst einen Sachtext über die Geschichte
des Pferdes schreiben.
Dabei sollen die Sätze so angeordnet werden,
dass der Text interessant klingt.

❶ Welche Sätze solltest du umstellen,
damit der Text interessant klingt?
Schreibe sie auf.

Das „Urpferd" lebte vor 60 Millionen Jahren in
Nordamerika. Es war ein Tier, das so groß wie ein
Fuchs war und aussah wie eine Antilope.

Das Pferd war eine leichte Beute für Raubtiere, denn es besaß weder Krallen
oder Reißzähne noch einen Panzer als Schutz.

_____

_____

_____

_____

Das Pferd konnte drohenden Gefahren nur durch Flucht entgehen,
so entwickelte es Schnelligkeit und Ausdauer.

_____

_____

_____

Das Pferd war für die Menschen der Steinzeit nichts weiter als ein Wildtier,
das man jagen konnte.

_____

_____

_____

Elke Mauritius: Vom Satz zum Aufsatz
© Persen Verlag

Einen Sachtext überarbeiten

B1

Das Pferd wurde aber später gezähmt, indem es vor den Wagen gespannt wurde oder indem man sich auf den Rücken der Pferde setzte.

Durch die Pferde konnten jetzt Entfernungen leicht überwunden werden,
z.B. zum Handeln, zum Jagen in fernen Gebieten oder auch um Kriege zu führen.

---

❷ Ergänze den Text über Wildpferde.
Informiere dich im Tierlexikon
oder im Internet.

www.blinde-kuh.de
www.kika.de
www.wikipedia.de

---

❸ Finde eine interessante Überschrift.

Einen Sachtext überarbeiten

Situation: Lina soll über das Thema **Seeräuber** einen Sachtext schreiben.
Dabei verwendet sie das Wort **Seeräuber** zu häufig.

❶ Du kannst **Seeräuber** durch ein anderes Wort ersetzen:

> *Diese Wörter kannst*
> *du einsetzen:*
>
> **Piraten**
> **Kumpane**
> **Wachposten**
> **Freibeuter**
> **Räuber der Meere**
> *oder* **sie/ihnen.**

Seeräuber

1 Die Seeräuber haben Schiffe auf dem Meer überfallen.

2 Die Seeräuber _____ haben Menschen,

3 die in Ufernähe lebten, ausgeplündert.

4 Bei ihren Überfällen nahmen die Seeräuber _____

5 alles mit, was auf den Schiffen transportiert wurde:

6 Getreide, Wein, Honig, Holz, Vieh, Möbel und Waffen.

7 Besonders begehrt waren bei den Seeräubern die „Kostbarkeiten":

8 Gold und Silber, Schmuck oder seltene Gewürze.

9 Die Seeräuber _____ konnten

10 auch mit Sklaven schnell Geld machen.

11 Die Seeräuber _____ brachten sie zu den Sklavenmärkten,

12 kassierten und verschwanden.

13 Reiche Gefangene behielten die Seeräuber _____ .

14 Die Seeräuber _____ verkauften sie für ein

15 hohes Lösegeld an ihre Familien.

Einen Sachtext überarbeiten

2 Du kannst aus zwei Sätzen einen Satz machen.
Schreibe den Satz neu.

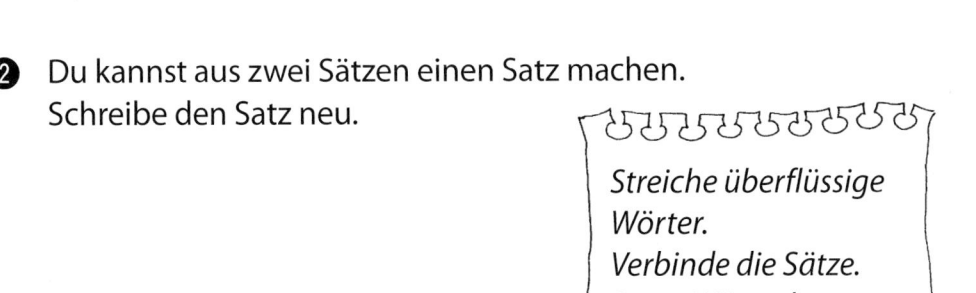

Streiche überflüssige Wörter.
Verbinde die Sätze.
Diese Wörter kannst du einsetzen:

und, deshalb, weil, darum, zu diesem Zweck, um.

a) Die Seeräuber haben Schiffe auf dem Meer überfallen, ~~und~~
~~Die Seeräuber haben~~ Menschen, die in Ufernähe lebten, ausgeplündert.

_____

_____

_____

_____

b) Reiche Gefangene behielten die Seeräuber. Die Seeräuber verkauften sie für ein hohes Lösegeld an ihre Familien.

_____

_____

_____

_____

3 Setze ein passendes Verbindungswort ein.

Gefangene behielten die Seeräuber zurück,

_____

sie für ein hohes Lösegeld an ihre Familien

zu verkaufen.

Einen Sachtext überarbeiten

Situation: Lina soll über das Thema **Seeräuber** einen Sachtext schreiben.
Dabei verwendet sie ein Wort zu häufig.

❶ Lies den Text. Welches Wort hat Lina zu häufig benutzt?
Unterstreiche es rot. Tausche dann einige Wörter aus.

Seeräuber

1 Aus den vergangenen Jahrhunderten gibt es für die Seeräuberei
2 zahlreiche Beweise:
3 Inschriften an Gebäuden, Reden von Politikern, Briefe
4 und Reiseberichte.
5 Das zusammen ergibt ein düsteres Bild:
6 Die Seeräuber haben Schiffe auf allen Meeren überfallen.
7 Die Seeräuber haben Menschen, die in Ufernähe lebten, ausgeplündert.
8 Die Seeräuber haben Reisende auf den Küstenstraßen überfallen,
9 ausgeplündert und verschleppt.
10 Bei ihren Überfällen nahmen die Seeräuber alles mit,
11 was sich rasch zu Geld machen ließ.
12 Dazu gehörten die auf den Schiffen
13 transportierten Handelswaren:
14 Getreide, Wein, Honig, Holz, Vieh, Möbel und Waffen.
15 Besonders begehrt waren bei den Seeräubern
16 die „Kostbarkeiten":
17 Gold und Silber, Schmuck oder seltene Gewürze.
18 Die Seeräuber brachten ihre Gefangenen auf die Sklavenmärkte.
19 Die Seeräuber verkauften sie, kassierten und verschwanden.
20 Reiche Gefangene behielten die Seeräuber.
21 Die Seeräuber verkauften sie für ein hohes Lösegeld an ihre Familien.
22 Die Schiffe wurden von den Seeräubern immer
23 nach der gleichen Methode gejagt.
24 Hoch oben auf einer Klippe oder einem Aussichtsturm beobachtete
25 ein Wachposten das Meer.
26 Entdeckte er ein Schiff, gab er seinen Kumpanen ein Zeichen.
27 In wenigen Minuten waren die Seeräuber auf ihren Schiffen.
28 Der Überfall der Seeräuber begann.

> *Gib den Begriff* **Seeräuber** *in die Suchmaschine Google ein.*

❷ Durch welche Wörter kannst du das Wort **Seeräuber** ersetzen?
Schreibe sie auf.

_____

_____

_____

Lösung:
Piraten, Freibeuter, Räuber der Meere, sie/ihnen

Elke Mauritius: Vom Satz zum Aufsatz
© Persen Verlag

Einen Sachtext überarbeiten

❸ Verbinde die Sätze im Text. Schreibe aus zwei Sätzen einen Satz.
Streiche überflüssige Wörter und verbinde die Sätze.
Verändere die Sätze in den Zeilen:

➔ 6 und 7

Diese Wörter kannst du einsetzen:
und, deshalb, weil, darum, zu diesem Zweck, um, wo.

_____

_____

_____

_____

_____

➔ 18 und 19

_____

_____

_____

➔ 20 und 21

_____

_____

_____

➔ 27 und 28

_____

_____

_____

_____

Kurzinformation zum Korrekturheft

Auf den folgenden Seiten ist eine Bastelvorlage für ein Korrekturheft zu finden.
Anhand dieses Heftes können die Kinder eigene und fremde Texte korrigieren.
Dazu sollten zunächst der Textsorte oder der Schreibaufgabe entsprechend
den Schülerinnen und Schülern Hinweise gegeben werden, nach welchen Schwerpunkten sie
die Texte überprüfen und überarbeiten können.

Beim geübten Umgang mit dem Heft werden die Kinder bald selbständig erkennen,
nach welchen Punkten sie sich richten müssen.

Ob die Kinder selbstgeschriebene Texte vor der Veröffentlichung überarbeiten
oder in Partner- oder Gruppenarbeit die Texte einschätzen, auf jeden Fall
bekommen sie mit dem Heft ein hilfreiches Werkzeug in die Hand, mit dem sie
die Texte Schritt für Schritt auf ihre Verständlichkeit und Wirkung überprüfen
und die sprachliche Gestaltung optimieren können.

So wird das Heft hergestellt:

1. Blätter doppelseitig kopieren,
2. an der geschlossenen Linie durchschneiden,
3. Blätter in der Mitte falten,
4. in der Reihenfolge der Nummern zum Heft zusammenlegen,
5. Heft klammern.

 Überprüfe
die Satzanfänge.

 Schreibe den Text
mit (weiterer)
wörtlicher Rede
auf.

 Finde
eine andere
Überschrift.

falten

83

1 Prüfe, ob alle wichtigen Informationen enthalten sind.

10 Prüfe die Reihenfolge.

3 Überprüfe die Einleitung der Geschichte.

- **Wer?**
- **Wo?**
- **Wann?**

8 Streiche unwichtige Sätze.

falten

 **5** Überprüfe den Schluss der Geschichte.

 **6** Tausche einige Wörter aus.

 **7** Überprüfe, wo ein Satz zu Ende ist ●

 **4** Ergänze im Hauptteil Gedanken und Gefühle der Personen.

• Was passiert?
• Welche Gedanken und Gefühle haben die wichtigen Personen?

falten

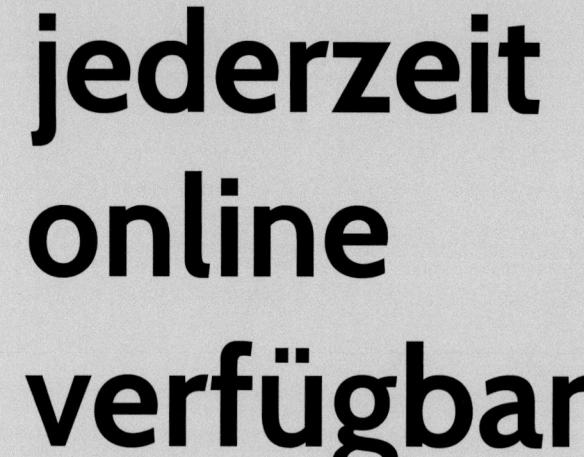